운명론

정암고전총서 키케로 전집

운명론

키케로

이상인 옮김

아카넷

'정암고전총서'를 펴내며

희랍·로마 고전은 서양 지성사의 뿌리이며 지혜의 보고다. 그러나 이를 한국어로 직접 읽고 검토할 수 있는 원전 번역은 여전히 드물다. 이런 탓에 우리는 서양 사람들의 해석을 수동적으로 수용하는 처지를 완전히 극복하지 못하고 있다. 사상의 수입은 있지만 우리 자신의 사유는 결여된 불균형의 문제를 안고 있는 것이다. 이런 상황은 우리의 삶과 현실을 서양의 문화유산과 연관 지어 사색하고자 할 때 특히 심각한 문제를 야기한다. 우리 자신이 부닥친 문제를 자기 사유 없이 남의 사유를 통해 이해하거나 해결하는 것은 거의 불가능하기 때문이다. 우리의 문제에 대한 인문학적 대안이 때로는 현실을 적확하게 꼬집지 못하는 공허한 메아리로 들리는 것도 그런 이유 때문일 것이다.

한 공동체에서 살아가는 사람들이 자신들의 생각과 말을 나누며 함께 고민하는 문제와 만날 때 인문학은 진정한 울림이 있는 메아리가 될 수 있다. 이것은 우리가 우리의 현실을 함께 고민하는 문제의식을 공유함으로써 가능하겠지만, 그조차도 함께 사유할 수 있는 텍스트가 없다면 요원한 일일 것이다. 사유를 공유할 텍스트가 없을 때는 앎과 말과 함이 분열될 위험에 노출될 수 있기 때문이다. 이런 점에서 진정한 인문학적 탐색은 삶의 현실이라는 텍스트, 그리고 생각을 나눌 수 있는 문헌 텍스트와 만나는 이중의 노력에 의해 가능할 것이다.

현재 한국의 인문학적 상황은 기묘한 이중성을 보이고 있다. 대학 강단의 인문학은 시들어 가고 있는 반면 대중 사회의 인문학은 뜨거운 열풍이 불어 마치 중흥기를 맞이한 듯하다. 그러나 현재의 대중 인문학은 비판적으로 사유하는 인문학이 되지 못하고 자신의 삶을 합리화하는 도구로 전락하는 경향이 없지 않다. 사유 없는 인문학은 대중의 욕망을 충족시키기 위해 소비되는 상품에 지나지 않는다. 정암고전총서 기획은 이와 같은 한계상황을 극복할 수 있는 기본적인 토대를 마련하고자 하는 절실한 문제의식에서 시작되었다.

정암학당은 철학과 문학을 아우르는 서양 고전 문헌의 연구와 번역을 목표로 2000년 임의 학술 단체로 출범했다. 그리고 그 첫 열매로 서양 고전 철학의 시원이라 할 『소크라테스 이전 철학자들의 단편 선집』을 2005년도에 펴냈다. 2008년에는 비영리 공익 법인의 자격을 갖는 공적인 학술 단체의 면모를 갖추고 플라톤 원전 번역을 완결한다는 목표 아래 지금까지 20여 종에 이르는 플라톤 번역서를 내놓았다. 이제 '플라톤 전집' 완간을 눈앞에 두고 있는 시점에 정암학당은 지금까지의 시행착오를 밑거름 삼아 희랍·로마의 문사철 고전 문헌을 한국어로 옮기는 고전 번역 운동을 본격적으로 펼치려 한다.

정암학당의 번역 작업은 철저한 연구에 기반한 번역이 되도록 하기 위해 처음부터 공동 독회와 토론을 통해 이루어진다. 번역 초고를 여러 번에 걸쳐 교열, 비평을 하는 공동 독회 세미나를 수행하여 이를 기초로 옮긴이가 최종 수정하는 방식으로 진행된다. 이같이 공동 독회를 통해 번역서를 출간하는 방식은 서양에서도 유래를 찾기 어려운 시스템이다. 공동 독회를 통한 번역은 매우 더디고 고통스러운 작업이지만, 우리는 이 같은 체계적인 비평의 과정을 거칠 때 믿고 읽을 수 있는 텍스트가 탄생할 수 있다고 확신한다. 이런 번역 시스템 때문에 모든 '정암고전총서'에는 공동 윤독자를 병기하기로 한다. 그러나 윤독자들의 비판을 수용할지 여부는 결국 옮긴이가 결정한다는 점에서 번역의 최종 책임은 어디까지나 옮긴이에게 있다. 따라서 공동 윤독에 의한 비판의 과정을 거치되 옮긴이들의 창조적 연구 역량이 자유롭게 발휘될 수 있도록 노력했다.

정암학당은 앞으로 세부 전공 연구자들이 각각의 팀을 이루어 연구와 번역을 병행함으로써 아리스토텔레스 철학 원전, 키케로 전집, 헬레니즘 선집 등의 번역본을 출간할 계획이다. 그리고 이렇게 출간할 번역본에 대한 대중 강연을 마련하여 시민들과 함께 호흡할 수 있는 장을 열어 나갈 것이다. 공익법인인 정암학당은 전적으로 회원들의 후원으로 유지된다는 점에서 정암고전총서는 연구자들의 의지뿐만 아니라 시민들의 소중한 뜻이 모여 세상 밖에 나올 수 있는 셈이다. 이런 점에서 정암고전총서가 일종의 고전 번역 운동으로 자리매김되기를 기대한다.

정암고전총서를 시작하는 이 시점에 두려운 마음이 없지 않으나, 이런 노력이 서양 고전 연구의 디딤돌이 될 것이라는 희망, 그리고 새로운 독자들과 만나 새로운 사유의 향연이 펼쳐질 수 있으리라는 기대감 또한 적지 않다. 어려운 출판 여건에도 정암고전총서 출간의 큰 결단을 내린 아카넷 김정호 대표에게 경의와 감사의 뜻을 전한다. 끝으로 정암학당의 기틀을 마련했을 뿐만 아니라 앎과 실천이 일치된 삶의 본을 보여 주신 이정호 선생님께 존경의 마음을 표한다. 그 큰 뜻이 이어질 수 있도록 앞으로도 치열한 연구와 좋은 번역을 내놓는 노력을 다할 것이다.

2018년 11월
정암학당 연구자 일동

'정암고전총서 키케로 전집'을 펴내며

"철학 없이는 우리가 찾는 연설가를 키워 낼 수 없다(Sine philosophia
non posse effici quem quaerimus eloquentem)."(키케로, 『연설가』 4.14)

키케로가 생각한 이상적 연설가는 철학적 사유가 뒷받침된 연설가다. 정암학당 키케로 연구 번역팀의 문제의식 역시 여기서 출발한다. 당파를 지키고 정적을 공격하는 수많은 연설문, 연설문 작성의 방법론을 논하는 수사학적 저술, 개인적 시각에서 당대 로마 사회를 증언하는 사적인 편지 등 로마 공화정 말기를 기록한 가장 풍부한 문헌 자료를 남긴 키케로를 전체적으로 이해하는 토대는 그의 철학 저술이다.

키케로의 철학 저술은 그의 모든 저술을 이해하는 벼리가 될 뿐만 아니라, 로마 문명이 희랍 철학을 주체적으로 수용하게 되는 계기를 제공했다는 점에서 중요한 철학사적 의의를 지닌다. 기원전 1세기 전후로 본격화된 희랍 철학자들과의 교류를 통해 회의주의 아카데미아학파, 소요학파, 스토아학파, 에피쿠로스학파, 견유학파 등의 학설이 로마에 소개되고 정착되었으며, 그 과정에서 키케로는 당시 로마 사회의 지적 요구와 실천적 관심을 반영한 철학책들을 라틴어로 저술했다. 그의 철학 저술은 희랍 철학이 로마라는 새로운 용광로에서 뒤섞이고 번역되어 재창조되는 과정을 생생하게 보여 준다.

키케로의 철학 저술에 담긴 내용은 비단 철학에 국한되지 않는다. 정치가로서 탁월한 그의 역할에 비례하여 로마법에 대한 해박한 지식이, 로마 전통에 대한 자긍심과 희랍 문물을 로마에 소개하려는 열정에 의해 희랍과 로마 문학 작품의 주옥같은 구절들이 그의 저술 곳곳에 박혀 있다. 이에 정암학당 키케로 연구 번역팀은 고대 철학, 법학, 문학, 역사 전공자들이 한자리에 모여 함께 그의 작품을 연구하기 시작했고, 이는 이미 10년을 훌쩍 넘겼다. 서로 다른 전공 분야의 이해와 어휘를 조율하는 어려움 속에서도 키케로 강독은 해를 거듭하면서 점차 규모와 체계를 갖추게 되었다. 번역어 색인과 인명 색인이 쌓였고, 미술사를 포함한 인접 학문과의 연계와 접점도 확대되었으며, 이제 키케로의 철학 저술을 출발점으로 삼아 정암고전총서 키케로 전집을 선보인다.

키케로 전집 출간이라는 이 과감한 도전은 2019년 한국연구재단의 연구소 지원 사업을 통해 획기적으로 진척되었으며, 2020년 이탈리아 토리노 대학 인문학부와의 협약으로 키케로 저술과 관련된 문헌 자료 지원을 받게 되었다. 이 두 기관은 정암고전총서 키케로 번역 전집을 출간하는 데 큰 도움을 주었다. 그러나 이 도전과 성과는 희랍 · 로마 고전 번역의 토대가 되도록 정암학당의 터를 닦은 이정호 선생님, 이 토대를 같이 다져 주신 원로 선생님들, 20년에 걸친 플라톤 번역의 고된 여정을 마다하지 않은 정암학당 선배 연구원들, 그리고 서양 고대 철학에 대한 애정과 연구자들에 대한 호의로 정암학당을 아껴 주신 후원자들, 흔쾌히 학술 출판을 맡아 준 아카넷 출판사가 없었다면 불가능했을 것이다. 학문 공동체의 면모가 더욱 단단해지는 가운데 우리는 내일 더 큰 파도를 타리라.

2021년 9월
정암고전총서 키케로 전집 번역자 일동

차례

작품 내용 구분

일러두기

1 이 책의 번역 판본으로는 악스가 편역하고 주석을 단 *M. Tulli Ciceronis De divinatione, De fato, Timaeus*, recognovit Wilhelm Ax(Leipzig: 1938)를 사용했다. 악스와 다르게 읽는 경우, 필요에 따라 주석에서 설명했다.

2 『운명론』은 총 20장 48절로 구성되어 있다. 악스는 '장'과 '절' 모두 아라비아숫자로 표기했지만, 관례에 따라 장은 로마숫자로, 절은 아라비아숫자로 표기했다. 하나의 절을 두 부분으로 나눌 필요가 있을 때는 앞부분과 뒷부분에 각기 'a'와 'b'를 추가했다. 예) 1a, 1b.

3 단락 구분은 샤플스가 편역하고 주석을 단 *Cicero: On Fate & Boethius: The Consolation of Philosophy IV. 5~7, V.*, edited by Robert William Shaples(Warminster: Aris & Phillips, 1991)에 따랐다.

4 본문의 제목과 소제목은 옮긴이가 붙인 것이다.

5 대괄호(( ))는 내용의 이해를 돕기 위해 옮긴이가 원문에 없는 문구를 첨가했을 때와, 괄호 안에 괄호가 있는 경우 바깥 괄호 부분에 사용했다.

6 그리스어를 우리말로 표기할 때, 그리스어 발음에 가깝게 했다. '윕실론(u)'도 '위'로 표기했다. 예) 큅셀로스.

들어가면서

철학의 두 분야

▮ 1 …¹ 왜냐하면 그것은² 저 그리스 사람들이 '에토스(ēthos)'라고 부르는 '성격(mores)'과 관련된 것이기 때문입니다.³ 우리는 철학의 이 분야를 통상 '데 모리부스(de moribus)'⁴로 명명하지만, 라틴어를 풍부하게 하는 차원에서⁵ (새 단어를 만들어) '모랄리스(moralis)'⁶로 지칭하는 것이 적절합니다. 또한 그리스 사람들이 '악시오마타(axiōmata)'라고 부르는 진술의 의미와 논리도 설명해야 합니다. 진술이 미래의 일과 일어날 수도 있고 일어나지 않을 수도 있는 일에 관해 언급할 때 어떤 의미를 갖는지는 이해하기 어려운 주제입니다. 철학자들은 이 질문(에 대한 논의)에 '가능성

에 관해(peri dynatōn)'라는 이름을 부여합니다. 그리고 이 주제는 전적으로 내가 '논증 이론'이라 부르는 논리학(logikē)의 소관입니다.

연설의 형식을 갑자기 바꾼 사연

나는 신들의 본성을 다룬 다른 저술들뿐만 아니라 점술에 관해 내가 출판한 저술들에서도[7] 누구나 가장 개연적인 것으로 보이는 것을 좀 더 쉽게 (발견하고) 받아들일 수 있도록 (주어진 논제에 대해 찬성과 반대의) 두 편에서 각각 연속적 연설이 이루어지도록 했습니다.[8] 하지만 운명에 관한 이 논의에서는[9] 어떤 예상하지 못한 사건으로 그렇게 하지 못했습니다.[10] **2** 나는 푸테올리의 별장[11]에 있었고, 집정관 지명을 받았던 나의 친구 히르티우스[12]도 같은 지역에 머물렀습니다. 그는 나와 가장 친한 사람이었고, 어린 시절부터 내가 온 삶을 바친 이러한 탐구에 헌신한 사람이었습니다. 우리는 무엇보다도 주로 평화와 시민들의 화합을 끌어낼 수 있는 대책을 모색하며 많은 일을 함께했습니다. 율리우스 카이사르의 사망 이후 사람들은 새로운 격변의 이유를 찾고 있는 것처럼 보였고, 우리도 이와 같은 일에 대처해야 한다고 생각했습니다. 따라서 우리의 거의 모든 토론은 이 문제를 숙고하는 데 집중되었습니다. 그리고 여느 때처럼 토론은 손님들의 방해가 없어 평상시보다 좀 더 여유 있던 날에 이루어졌습니다. 그가 나에게 왔을 때, 우리는 먼저 우리의 일상적인 관심사이자 우리가 마치 법적 의무처럼 생각했던 문제들, 즉 평화와 안녕에 관해 대화를 나누었습니다.

II 3 우리가 대화를 마쳤을 때, 그가 말했습니다. "그러면 어떤가? 사실 자네는 내가 바라는 대로 연설 훈련을 포기하지 않았네. 자네가 분명히 이것보다 철학을 더 우위에 놓았는데도 말이야. 그러니 이제 내가 자네에게서 뭔가를 들을 수 있겠지?"

내가 말했습니다. "자네는 경청하거나 아니면 자네가 직접 말해도 좋으이. 자네도 정확하게 간파하고 있듯이 연설술을 향한 열정은 여전히 내게 남아 있을 뿐만 아니라 — 지난날 나는 이미, 연설술에 아주 열렬했던 자네에게도 그 열정의 불을 붙여 주었지 — 지금 나는 저 연설 능력을 감소시키지 않고 오히려 증대시키는 학문에도 열중하고 있다네.[13] 왜냐하면 연설가는 내가 추종하는 철학의 부류와 긴밀하게 연결되어 있기 때문이네. 연설가는 〔논변의〕 엄밀성을 아카데미아학파에서 빌리고, 풍부한 표현과 수사적 장식을 장식을 아카데미아학파에 갚아 주네." 내가 계속 말했습니다. "이런 까닭에 두 분야가 다 내 수중에 있으니, 오늘은 두 분야 중 자네가 더 하고 싶은 것을 선택하게."

그러자 히르티우스가 말했습니다. "나로서는 더없이 환영할 일이지. 그리고 자네가 언제나 해 왔던 바도 그렇고. 자네의 의지는 단 한 번도 나의 열의를 거절한 적이 없었으니까 말이야.

4 그러나 내게는 자네 학파의 연설술이 익숙하고 자네가 그것을 훈련한다고 자주 들었을 뿐만 아니라 앞으로도 들을 것이기 때문에, 그리고 『투스쿨룸 대화』는 제시된 논제에 자네가 반론을 펼치며 토론하는 아카데미아 철학자들의 관례를 채택했다는 것을 보여 주기 때문에, 만일 자네에게 성가신 일이 아니라면 나는 한 논제를, 자네가 거기에 대해 뭐라 말할지를 듣기 위해서 제안하고 싶네."

이에 내가 말했습니다. "자네에게 환영받을 일이 내게 성가실 수 있겠는가? 하지만 자네는 내 말을, 이런 종류의 논의에 접근하는 데 조심스럽고 이런 탐구를 오랜만에 다시 시작하는[14] 로마인의 말을 듣는 것처럼[15] 들어주게나."

그러자 그가 말했습니다. "나는 자네의 논의를 경청하겠네. 자네가 쓴 것을 읽는 것처럼 말이야. 그러니 시작하게."

"그럼 앉도록 하지."

첫 번째 연설

모든 사건은 운명에 의해 미리 결정되어 있는가

III 5 …[16] 〔포세이도니오스[17]가 언급한 사례들 가운데〕[18] 일부 사례,[19] 가령 시인 안티파트로스,[20] 동짓날에 태어난 사람들,[21] 동시에 병에 걸린 형제들,[22] 소변과 손톱,[23] 그리고 이런 종류의 나머지 사례에서는 자연적 결속이 — 나는 결코 이것을 부정하지 않네 — 작용하고 있지만, 그렇다고 어떤 운명적 힘이 작용하고 있는 것은 아니네.[24] 일부 다른 사례[25]에서는 어떤 우연적 힘이 작용하고 있을 수 있네. 예를 들어 저 난파 선원[26]의 사례나 이카디오스[27]와 다피타스[28]의 사례처럼 말이네. 또한 일부 사례는, 내가 이렇게 말하는 것을 스승께서 이해해 주신다면, 포세이도니오스가 지어낸 것처럼 보이네. 이 사례들은 실제로 불합리하네. 어떤가? 만약 말에서 떨어지는 사고로 죽는 것이 다피타스의 운명이었다면 어떻게 이름만 말이고 실제는 말이 아닌 말에서 떨어질수 있는가? 또는 필리포스[29]가 피하라는 경고를 받은 것은 칼자루에 새겨진 이 작은 사두마차였는가? 마치 그가 칼자루에 죽을것처럼 말이네. 그런데 또 이름 없는[30] 난파 선원이 개울에 빠졌다는 것에 무슨 중요한 의미가 있는가? 물에서 죽게 될 것이라는예언이 이 사람에게 내려졌다고 포세이도니오스가 썼더라도 말이네. 해적 이카디오스의 사례에서 맹세코 나는 그 어떤 운명의흔적도 보지 못하네. 그에게 어떤 예언이 있었다고 포세이도니오스는 쓰지 않았기 때문이지. **6** 그렇다면 동굴 지붕에서 바윗덩어리가 그의 다리 위로 떨어진 것이 무슨 놀랄 일이겠나? 이카디오스가 그때 동굴에 있지 않았더라도 바윗덩어리는 여전히 아래로 떨어졌을 것이라고 나는 생각하네. 왜냐하면 우연에 의해일어나는 일은 아예 없거나, 이 사건 자체는 우연에 의해 일어났을 수 있거나 둘 중 하나이기 때문이네.[31] 그래서 나는 이렇게 묻는데, 이 질문은 폭넓게 적용될 것이네. 만약 운명이라는 이름도, 운명이라는 실체도, 운명이라는 힘도 전혀 존재하지 않고, 대부분의 일이나 모든 일이 그저 우연히 아무렇게나 우발적으로일어난다면 그것들은 지금 일어나는 방식과 다른 방식으로 일어나겠는가? 그러니 운명을 끌어들이지 않고도 모든 일이 자연이나 우연에 의해 합리적으로 설명될 수 있다면 우리에게 운명을 강요해 봐야 무슨 소용이 있겠는가?

IV 7 그러나 포세이도니오스를 이제는, 이것이 마땅한 일이니, 좋게 떠나보내고 크뤼시포스[32]의 덫으로 돌아가세.[33] 먼저 사건들 간의 〔자연적〕 결속 자체에 대한 그의 주장에 응답해 보세. 나머지는 그다음에 살펴보도록 하고. 우리는 서로 다른 지역의 특성에 얼마나 큰 차이가 있는지를 알고 있네.[34] 어떤 지역은 건강에 이롭고 어떤 지역은 건강에 해로우며, 어떤 지역에 사는 사람들은 점액이 많은 체질이어서 흡사 체액이 흘러넘치는 듯하고, 다른 지역에 사는 사람들은 몸이 바싹 말라 있고 건조하네. 지역 간에 엄청난 차이를 보이는 특성은 그 밖에도 많이 있네. 아테나이의 공기는 건조하네. 그 때문에 아테나이인들은 〔다른 지역 사람들보다〕 더 명석하다고 생각되지. 이에 반해 테바이의 공기는 습하네. 그 때문에 테바이인들은 머리가 나쁘고 덩치가 크다고 생각되지. 그렇지만 건조한 공기가 〔아테나이인들로 하여금〕 제논이나 아르케실라오스나 테오프라스토스[35]의 강의를 듣도록 하지는 못할 것이며, 습한 공기가 〔테바이인들로 하여금〕 이스트모스가 아니라 네메아[36]에서 승부를 겨루도록 하지는 못할 것이네.[37] **8** 구분을 좀 더 해 보세. 지역적 특성이 우리로 하여금 마르스 연병장이 아닌 폼페이우스 주랑에서 산책하도록 만들 수 있을까? 그것도 다른 사람이 아닌 자네와 함께? 더군다나 초하루가 아닌 보름에?[38] 그러니 지역적 특성이 어떤 일에는 영향을 미치지만 어떤 일에는 전혀 영향을 미치지 않는 것처럼, 별자리가 자네가 원하면 어떤 일에는 영향력을 행사하겠지만 확실히 모든 것에 영향력을 행사하지는 않네.

그러면 내 말에 이렇게 반론하겠지.[39] '그러나 사람의 특성에는 차이가 있다. 어떤 이는 단것을 좋아하며 어떤 이는 쓴것을 좋아한다. 어떤 이는 음란하며 어떤 이는 화를 잘 내거나 잔인하거나 오만한데, 어떤 다른 이는 그런 악덕을 멀리한다. 이 정도로 한 사람의 특성이 다른 사람의 특성과 다르기 때문에 이러한 차이가 서로 다른 원인으로부터 생긴다는 것이 무슨 놀랄 일인가?'

V 9 이런 반론을 제기하는 사람은 무엇이 문제이고 논점이 어디에 있는지를[40] 모르고 있네. 자연적인 선행 원인 때문에 어떤 사람은 어떤 것에 더 끌리고 다른 사람은 다른 것에 더 끌린다고 가정하고, 이를 근거로 우리의 의지와 욕구에도 자연적인 선행 원인이 있다고 말하는 것은 옳지 않기 때문이네. 만일 그것이 사실이라면 우리의 힘으로 할 수 있는 것은 아무것도 없을 테니까. 물론 우리가 명석한지 우둔한지, 덩치가 큰지 왜소한지가[41] 우리에게 달려 있지 않다는 점은 기꺼이 인정하지만, 이로부터 우리가 앉거나 걷는 것이 우리의 의지에 달려 있지 않다는 결론을 추론할 수 있다고 믿는 사람은 무엇이 각기 무엇으로부터 따라 나오는지를 전혀 모르는 사람이네. 영민한 자도 우둔한 자도 선행

원인에 의해 그런 성향의 사람으로 태어나고 덩치 큰 자도 왜소한 자도 선행 원인에 의해 그런 체형의 사람으로 태어난다고 하더라도 그들이 앉고 걷고 뭔가를 행하는 것 또한 어떤 주도적 원인[42]에 의해 규정되고 결정된다는 것은 따라 나오지는 않네. **10** 우리는 메가라학파의 철학자 스틸폰[43]이 대단히 명석하고 그가 살았던 당대에 인정받은 사람임을 익히 들어 알고 있지. 또 그의 가까운 동료들은 그가 술을 좋아하고 여자를 밝히는 편이었다고 썼지. 하지만 그들은 이 말을 비난이 아니라 칭찬을 위해 쓴 것이네. 그는 본성의 결함을 학습을 통해 길들이고 억제했으며, 그래서 누구도 술 취한 모습이나 어떤 욕정의 흔적을 그에게서 본 적이 없을 정도였다는 것이지. 그럼 이것은 어떤가? 신체나 눈이나 얼굴이나 이마를 보면 사람의 성격과 특성을 정확히 알 수 있다고 공언한 관상가 조퓌로스가 소크라테스에게 어떤 악평을 퍼부었는지 우리는 읽지 않았는가?[44] 빗장뼈 위가 움푹 파여 있지 않아 소크라테스가 멍청하고 미련하다고 그는 말했네. 〔빗장뼈 위의 파여 있는〕 저 부분이 메워지고 막혀 있다고 그는 말했고, 소크라테스가 여자를 밝히는 편이었다는 말도 덧붙였지. 알키비아데스[45]는 이에 폭소를 터뜨렸다지. **11** 이 결함은 물론 자연적 원인에서 비롯된 것일 수 있네. 하지만 그것을 근절하고 완전히 제거해 그와 같은 결함을 지닌 사람이 거기에서 벗어나는 것은 자연적 원인이 아니라 의지와 노력과 훈련에 달려 있네. 하지만 운명의 자연적 위력이 점술의 설명으로 입증된다면, 이 모든 것은 부정될 것이네.

두 번째 연설

일어나지 않을 일은 일어날 가능성이 없다

VI 만약 점술이 존재한다면 일종의 기술로서 그것은 과연 어떤 종류의 원칙들에서 출발할까?[46] 내가 말하는 '원칙들'이란 그리스어의 '테오레마타(theōrēmata)'에 해당하는 것이네. 나는 다른 전문가들이 자기 일에 종사하거나 점술을 사용하는 사람들이 미래를 예언할 때 어떤 특정한 원칙에서 출발하지 않는다고는 믿지 않기 때문이네. **12** 따라서 점성가의 경우 다음의 원칙이 있다고 하세.[47] '만약 어떤 사람이 가령 천랑성이 뜰 때 태어났다면 그는 바다에서 죽지 않을 것이다.' 크뤼시포스여, 당신이 강력한 변증가 디오도로스[48]와 격론을 벌일 때 취한 당신의 관점을 버리지 마십시오. 다음과 같이 〔전건과 후건의 두 부분으로〕 결합된 조건문, 즉 '만약 어떤 사람이 천랑성이 뜰 때 태어났다면 그는 바다에서 죽지 않을 것이다'가 참이면 '파비우스가 천랑성이 뜰 때 태어났다면 파비우스는 바다에서 죽지 않을 것이다'라는 조건문도 역시 참이네. 따라서 이 두 가지, 즉 '파비우스가 천랑성이 뜰 때 태어났다'와 '파비우스가 바다에서 죽을 것이다'는 서로 양립할 수 없네.[49] 그리고 파비우스가 천랑성이 뜰 때 태어났음이 분명하기 때문에 이 두 가지, 즉 '파비우스가 존재한다'와 '파비우스가 바다에서 죽을 것이다'도 역시 서로 양립할 수 없지. 그러므로 '파비우스는 존재하고, 파비우스는 바다에서 죽을 것이다'는 서로 양립할 수 없는 것으로 이루어진 복합문이네. 그것은 진술된 바 그대로 결코 실제 일어날 수 없지. 따라서 '파비우스는 바다에서 죽을 것이다'는 일어날 가능성이 없는 일에 속하네. 그러므로 거짓된 예언[50]은 일체 일어날 가능성이 없는 일이지.

일어나지 않을 일도 일어날 가능성은 있다

VII 13 하지만 이것은, 크뤼시포스여, 절대로 당신이 주장하고자 하는 바가 아닙니다. 그리고 당신은 이것을 두고 디오도로스와 치열한 논쟁을 벌이기도 했습니다. 디오도로스는 오직 참되거나 참될 일만이 일어날 가능성을 가지며,[51] 모든 일어날 일은

28

일어날 필연성이 있고, 모든 일어나지 않을 일은 일어날 가능성이 없다고 주장하기 때문입니다. 이에 반해 당신은 일어나지 않을 일 역시 일어날 가능성이 있다고 주장합니다.[52] 예를 들면 이 보석이 부서지는 일은 일어나지 않을 일일지라도 일어날 가능성은 있고, 또 큅셀로스[53]의 코린토스 통치는 천 년 전에[54] 아폴론 신탁이 예언한 것이지만 일어날 필연성은 없었다고 당신은 주장합니다.[55] 그런데 당신이 점술의 저 예언을 받아들인다면[56] 당신은 (예를 들어 스키피오 아프리카누스[57]가 카르타고를 점령하지 못할 것이라는[58] 예언과 같은) 거짓된 예언을 일어날 가능성이 없는 일에 포함해야 할 것이며,[59] 참된 예언과 그 예언대로 일어날 일을 필연적이라고 말해야 할 것입니다. 하지만 이 모든 것은 당신들이[60] 적대시한 디오도로스의 견해입니다.[61] **14** 왜냐하면 이 조건문, 즉 '당신이 천랑성이 뜰 때 태어났다면 당신은 바다에서 죽지 않을 것이다'라는 진술이 〔조건절과 결과절의 두 부분으로〕 참되게 결합된 것이고 이렇게 결합된 조건문 중 〔조건절에 해당하는〕 전건, 즉 '당신이 천랑성이 뜰 때 태어났다'가 필연적이라면 스승 클레안테스[62]의 주장[63]에 동의하지 않는 크뤼시포스의 관점[64]에서, 이미 일어난 일은 변경될 수 없고 참에서 거짓으로 바뀔 수 없으므로 과거에 일어난 모든 참된 일은 필연적이기 때문이지. 따라서 조건문의 전건이 필연적이라면 결과절에 해당하는 후건도 필연적이 되지. 하기야 크뤼시포스는 이것이[65] 모든 경우에

타당하다고는 생각하지 않네.[66] 하지만 그런데도 파비우스가 바다에서 죽지 않을 자연적 원인[67]이 있다면 파비우스는 바다에서 죽을 수 없네.

모순을 해결하는 크뤼시포스의 방식

VIII 15 이 지점에서 크뤼시포스는 어찌할 바를 모르고 칼다이아인들[68]과 다른 점쟁이들(의 예언)이 틀리기를,[69] 그리고 그들이 앞으로 (조건문 대신) 연언을 사용하기를,[70] 그래서 그들의 원칙을 '어떤 사람이 천랑성이 뜰 때 태어났다면 그는 바다에서 죽지 않을 것이다'라는 식으로 표현하지 않고 오히려 '어떤 사람이 천랑성이 뜰 때 태어났으면서 동시에 바다에서 죽을 일은 없다'는 식으로 진술하기를 바라지. 자기 멋대로 바라는 그의 방종이 얼마나 웃기는가! 그 자신이 디오도로스의 처지에 빠지지 않기 위해 칼다이아인들에게 그들의 원칙을 어떤 식으로 표현해야 할지를 가르치니 말이네. 예컨대 나는 이렇게 묻겠네. 칼다이아인들이 부정(不定) 조건문이 아니라 오히려 부정(不定) 연언을 부정(否定)하는 방식으로 말해야만 한다면 어찌 의사는, 어찌 기하학자는, 어찌 여타 전문가는 같은 방식으로 말할 수 없겠는가? 무엇보다 의사는 의료 기술을 행사하는 과정에서 알게 된 것을 '어떤 사람의 맥박이 이 정도이면 그에게 열이 있다'가 아니라 오히려 '어떤 사람의 맥박이 이 정도이면서 동시에 그에게 열이 없는 일은 없다'와 같은 방식으로 설명할 것이네. 마찬가지로 기하학자는 '구의 대원(大圓)들은 서로를 이등분한다'가 아니라 오히려 '구의 대원들이 있으면서 동시에 그것들이 서로를 이등분하지 않는 일은 없다'와 같은 방식으로 말할 것이네. **16** 이런 식으로 조건문에서 연언의 부정(否定)으로 변형될 수 없는 것이 무엇인가? 실제로 우리는 같은 것을 다른 방식으로 표현할 수 있지. 방금 나는 '구의 대원들은 서로를 이등분한다'라고 말했네. 이때 '구의 대원들이 있다면'이라고 말할 수도 있고, '구의 대원들이 있기 때문에'라고 말할 수도 있지. 여러 종류의 표현 방식이 있지만 크뤼시포스가 칼다이아인들이 스토아 철학자들을 위해 받아들이기를 바라는 표현 방식보다 더 왜곡된 것은 없네. **IX 17** 하지만 칼다이아인들 가운데 누구도 그런 식으로 말하지 않네. 별자리의 출몰 날짜보다 이 비틀어진 언어 형식을 외우는 것이 그들에게 더 어려운 일[71]이기 때문이지.

디오도로스와 에피쿠로스의 견해에 대하여

그러나 다시 사람들이 '가능성에 관해(peri dynatōn)'라고 부르는 디오도로스의 주장으로 돌아가 보세.[72] '일어날 수 있다'가 무엇을 의미하는지 탐색하는 주장으로 말일세. 자, 디오도로스가 취하는 입장은 오직 참되거나 참될 일만이 일어날 가능성을 갖는다[73]는 것이네. 이 주제는 다음과 같은 문제와 관련되어 있네. 필연적이지 않았던 일은 절대 일어나지 않으며, 일어날 수 있는 일은 무엇이든 이미 있거나 앞으로 있을 것이고, 앞으로 일어날 일은 이미 일어난 일과 마찬가지로 참에서 거짓으로 바뀔 수 없다.[74] 그러나 일어난 일의 불변성은 분명하지만, 미래의 어떤 일의 불변성은 분명하지 않기 때문에 아예 존재하지 않는 것처럼 보인다. 따라서 치명적인 병에 시달리는 사람의 경우 '이 사람은 이 병으로 죽을 것이다'는 참이지만, 병이 그렇게 치명적일지 분명하지 않는 사람의 경우 이와 동일한 것이 참되게 말해진 것이라면 그런데도[75] 그것은 일어날 것이다.[76] 따라서 미래에 일어날 일의 경우에도 참에서 거짓으로의 변화는 있을 수 없게 되지. 왜냐하면 '스키피오는 죽을 것이다'는 미래에 일어날 일에 대한 진술이더라도 거짓으로 변할 수 없는 힘을 갖고 있기 때문이네. 그것은 죽을 수밖에 없는 인간에 대한 진술이니까 말일세.

18 그러므로 만약 '스키피오[77]는 밤에 그의 침실에서 타살로 죽을 것이다'라고 진술됐다면 이는 참일 것이네. 왜냐하면 그것은 일어날 일이 일어날 것이라는 진술일 것이고, 일어날 일이 일어날 일이었다는 것은 일어날 일이 실제로 일어났다는 것으로부터 이해되어야 하기 때문이네. '스키피오는 그런 식으로 죽을 것이다'라는 진술은 '스키피오는 죽을 것이다'라는 진술만큼 참이

었으며, 스키피오에게는 그가 그런 식으로 죽는 것이 그가 죽는 것만큼 필연적이었기 때문이네.[78] 또한 '스키피오가 살해될 것이다'라는 진술도 '스키피오가 살해됐다'라는 진술만큼 참에서 거짓으로 바뀔 수 없지. 하지만 이럴지라도 에피쿠로스가 운명을 끔찍이 두려워해 원자들에게 도움을 구하고 원자들을 그 경로에서 벗어나게 하며 입증될 수 없는 두 주장을 동시에 받아들일 이유는 결코 없네.[79] 〔두 주장은 이것이네.〕 하나는 어떤 것이 원인 없이 발생한다는 것인데, 이 주장에서는 어떤 것이 무로부터 발생한다는 것[80]이 따라 나올 텐데, 이는 그는 물론 어떤 자연철학자도 받아들이지 않는 것이네. 다른 하나는 두 개의 원자[81]가 허공을 통과할 때 어떤 것은 직선적으로 움직이고 어떤 것은 그 직선적 경로에서 이탈한다는[82] 것이네.

19 왜냐하면[83] 에피쿠로스는, 모든 진술이 참이거나 거짓이라는 것을 인정하더라도 모든 것이 운명에 의해 필연적으로 발생한다는 것에 두려움을 가질 필요가 없을 것이기 때문이지.[84] '카르네아데스가 아카데미아로 내려가고 있다'[85]라는 진술은 자연의 필연성에서 비롯되는 영원한 원인으로 인해 참인 것도 아니고, 그렇다고 원인 없이 참인 것도 아니네. 그러나 〔어떤 사건에〕 우연히 선행하는 원인과 자체 내에 〔어떤 사건을 필연적으로 발생시킬〕 자연적 영향력을 포함하는 원인 사이에는 차이가 있네.[86] 따라서 '에피쿠로스[87]는 72년을 산 후 퓌타라토스의 집정관[88] 시절에 죽

을 것이다'는 언제나 참이었지만, 그런데도 왜 그런 일이 일어났는지에 대한 운명적 원인은 없었고, 그런 일이 일어났기 때문에 확실히 그것은 일어났던 그대로 일어날 일이었을 뿐이지. **20** 미래에 일어날 일은 불변하고 미래의 진리가 거짓으로 바뀔 수 없다고 주장하는 사람들은 운명의 필연성을 확증하지 못하네. 그들은 단어들의 의미를 설명하고 있을 뿐이지.[89] 다른 한편으로 원인들의 영구적 연쇄[90]를 도입하는 사람들은 인간 정신에서 자유의지를 빼앗고 인간 정신을 운명의 필연성에 가둔 것이네.

크뤼시포스와 에피쿠로스 사이에서

X 그러나 이 문제들은 이 정도로 하겠네. 이제 다른 것들에 주목하지.[91] 크뤼시포스는 이런 방식으로 논증하네. "원인 없는 운동이 있다면 변증가들이 '악시오마(axiōma)'라고 부르는 모든 진술이 참이거나 거짓이라 말할 수 없다.[92] 왜냐하면 [운동을] 일으키는 원인을 갖지 않는 것은 참이라고도 거짓이라고도 말할 수 없기 때문이다. 그러나 모든 진술은 참이거나 거짓이라 말할 수 있다. 따라서 원인 없이 발생하는 어떤 운동도 없다. **21** 하지만 이것이 사실이라면 일어나는 모든 일은 그에 선행하는 원인에 의해 일어난다. 또 이것이 사실이라면 모든 일은 운명에 의해 일어난다. 그러므로 무슨 일이 일어나든 그것은 운명에 의해 일어

난다는 것이 따라 나온다."[93] 내가 여기서 일차적으로 염두에 두는 것이 에피쿠로스의 말에 동의하는 것이고 모든 진술이 참이거나 거짓이라는 것을 부정하는 것이라면 모든 일이 운명에 의해 일어난다는 것을 인정하느니 차라리 〔에피쿠로스가 스토아 철학자들에게 먹인〕 이 한 방[94]을 받아들이겠네. 저 견해는 다소 논란의 여지가 있지만, 이것은 절대 용납할 수 없기 때문이지.[95]

원인 없는 운동에 대하여

그래서 크뤼시포스는 모든 '악시오마'가 참이거나 거짓이라는 것을 설득하는 데 온 신경을 집중했다네. 왜냐하면 에피쿠로스는 그가 이것을 수용하면 일어나는 모든 일이 그것이 무엇이든 운명에 의해 일어난다는 것을 수용해야 할까 봐 두려워하기 때문이지.[96] (만일 두 진술[97] 중 어느 하나가 영원토록 참이라면 그것은 또한 확실해야 할 것이며, 확실하다면 그것은 또한 필연적이어야 할 것이고, 이로써 그는 필연성뿐만 아니라 운명도 확증된 것으로 생각할 테니까 말이네.) 그와 같이 크뤼시포스는 진술되는 모든 것이 참이거나 거짓이라는 것을 그가 지켜 내지 못한다면, 모든 일이 운명에 의해 일어나고 미래에 일어날 일의 영원한 원인들에 의해 일어난다는 입장을 견지하지 못할까 봐 무서워했지. **22** 하지만 에피쿠로스는 운명의 필연성이 원자의[98] 그 경로에서의 이탈을 통해 피해진다고 믿었네. 그런 식으로 원자가 최소 간격[99]〔이것을 그는 '엘라키스톤(elachiston)'이라고 부르네〕만큼 그 경로에서 이탈할 때 무게와 충격〔을 통해 야기되는 두 형태의 운동〕외에 어떤 제3의 운동[100]이 일어나지. 이러한 이탈이 원인 없이 발생한다는 것을 그는, 말은 하지 않았지만, 사실상 시인할 수밖에 없었네. 어떤 원자는 그것이 다른 원자에 의해 충돌되기 때문에 그 경로에서 이탈하는 것은 아니기 때문이지.[101] 에피쿠로스가 가정하는 것처럼 원자[102]가 그 무거움으로 인해 직선으로 수직 낙하한다면 어떻게 어떤 원자가 다른 원자에 의해 충돌될 수 있겠나? 어떤 원자가 다른 원자에 의해 단 한 번도 그 경로에서 밀려나지 않는다면 어떤 원자가 다른 원자를 건드리지도 못한다는 것이 결과적으로 따라 나오고, 이로부터 다시 비록 어떤 원자가 있고 그것이 경로에서 이탈하더라도 그것은 어떤 원인 없이 이탈한다는 것이 따라 나오니까 말이네.

필연으로부터 영혼의 자유

23 에피쿠로스가 이 이론을 끌어들이는 이유는 원자가 항상 무거움의 자연적 필연성에 따라 움직인다면 우리 영혼은 원자의 운동에 의해 강제되듯이 운동하므로 우리 인간에게 아무런 자유도 없을 것이라는 점을 두려워했기 때문이네. 원자의 발명자 데

모크리토스는 원자에서 자연적 운동을 제거하기보다는 그것, 즉 모든 것이 필연에 의해 일어난다는 사실을 받아들이는 것이 더 낫다고 생각했지.[103] **XI** 카르네아데스는 에피쿠로스주의자들이 원자의 이러한 가상적 이탈 없이 그들의 입장을 방어할 수 있었다고 가르쳤는데, 꽤 예리한 통찰이네.[104] 왜냐하면 에피쿠로스주의자들은 영혼의 어떤 자발적인 운동이 있을 수 있다고 가르쳤으므로 그들이 그러한 이탈의 원인을 찾아낼 수 없는 한 경로 이탈을 도입하는 것보다 이 입장을 방어하는 것이 그들에게 더 좋았을 것이기 때문이지. 그리고 이 입장을 방어함으로써 그들은 크뤼시포스에게 쉽게 대항할 수 있었을 것이네. 그들은 원인 없는 운동은 결코 없다는 것을 인정하지만, 일어나는 모든 일이 선행 원인에 의해 일어난다는 것을 인정하지 않았을 것이기 때문이지. 우리 의지에는 그것에 외적인 그리고 선행하는 원인이 없다고 그들은 말할 수 있었을 테니까.

24 그러므로 '원인 없이' 무언가를 원하거나 원하지 않는다고 말할 때, 우리는 언어의 일반적 용법에 따라 이를 사용하지 않네. 왜냐하면 '원인 없이'라고 말할 때, 우리는 '외적인 그리고 선행하는 원인 없이'라는 의미로 말하지 '아무 원인 없이'라는 의미로는 말하지 않기 때문이지. '그릇이 비어 있다'라고 말할 때, 우리는 '비어 있음'을 자연철학자처럼 '무'라고 주장하는 것이 아니고, '그릇에 예컨대 물이나 포도주나 기름이 없다'는 식으로 말하

는 것이네. 마찬가지로 영혼이 '원인 없이' 운동한다고 말할 때, 그것이 '선행하는 그리고 외적 원인 없이' 운동한다는 것을 말하는 것이지 '아무 원인 없이' 운동한다는 것을 말하는 것은 아니네. 원자 자체가 무거움과 무게로 인해 허공을 지나 운동할 때, 우리는 그것이 '원인 없이' 운동한다고 말할 수 있네. 그 어떤 원인이 외부로부터 작용하지 않았으니까 말이야. **25** 하지만 모든 자연철학자가 우리를 조롱하지 못하게 하기 위해서는 어떤 일이 '원인 없이' 일어난다고 말할 때, 우리는 또다시 구별해야 하고, 무게와 무거움으로 인해 운동하는 것이 개개의 원자 자체의 본성이며 이것 자체가 원자가 이런 식으로 움직이는 것의 원인이라고 말해야 하네. 마찬가지로 영혼의 자발적 운동도 원인을 그것의 외부에서 찾아서는 안 되지. 왜냐하면 자발적 운동은 그와 같은 본성[105]을 자체 안에 가지고 있으며, 그래서 우리 능력 안에 있고 우리에게 달려 있기 때문이지. 그리고 그것은 원인이 없는 것이 아니네. 그것의 본성 자체가 바로 그것의 원인이니까.

운명이나 필연에 겁먹을 필요가 없네

26 사실이 그러니 일어나는 모든 일이 무엇이든 운명에 의해 일어난다는 것을 인정하지 않는다고 해서 모든 명제가 참이거나 거짓이라는 것을 부정해야 할 이유가 어디 있겠나? 크뤼시포

스는 이렇게 말하네. "왜냐하면 미래에 일어날 원인을 갖지 않는 일이 미래에 참일 수 없기 때문이다. 그래서 참인 일에는 필연적으로 원인이 있다. 따라서 그것이 미래에 일어났을 때, 그것은 운명에 의해 일어났을 것이다." **XII** 크뤼시포스여, 우리가 모든 일은 운명에 의해 일어나거나 어떤 일은 원인 없이 일어날 수 있다는 당신의 말에 동의해야 한다면 우리는 이 문제에 관한 논의를 끝낼 수 있습니다. **27** 아니면 '스키피오[106]가 누만티아를 점령할 것이다'라는 이 진술은 이 일이 미래에 일어나기 위해 어떤 원인이 다른 원인을 영원토록 낳는 것 외에 다른 어떤 방식으로는 참일 수 없는 것인가? 아니면 이것이 〔선행하는 원인들의 영원한 계기(繼起) 속에서 일어나지 않았더라도〕이미 수천 년 전에 예언됐다면 이것이 〔실제로 일어났던 일인데도〕거짓이었을 수 있는가?[107] 그리고 '스키피오는 누만티아를 점령할 것이다'라는 진술이 그 당시 참이 아니었다면 그 도시가 무참히 짓밟혔을 때도 '스키피오는 누만티아를 점령할 것이다'[108]라는 이 진술은 참이 아니었을 것이네. 〔운명에 의해 미리 결정되어 있지는 않더라도〕[109] 실제로 일어날 일이 아니었던 것이 일어났을 수 있는가? 왜냐하면 더 이전 시기에 실제로 일어나 현존했던 과거의 일들이 참이라고 말하는 것처럼 우리는 이후에 실제로 일어나 현존할 미래의 일들이 참이라고 말할 것이기 때문이네. **28** 또한 모든 진술이 참이거나 거짓이라면 그로부터 어떤 것이 실제로 발생할 것과 다른 방식으로 발생하지 못하게 하는 불변적이고 영원한 원인이 있다는 것이 직접적으로 따라 나오지 않네. '카토[110]가 원로원에 들어올 것이다'와 같은 진술을 참인 진술로 만드는 원인은 우연적이며, 발생한 사건들의 본성과 우주에 내재한 것이 아니네. 그런데도 그가 원로원에 들어올 것이라는 것이 참일 때 그가 원로원에 들어올 것이라는 것은 그가 원로원에 들어왔다는 것만큼 불변적이야. 그런 까닭에 운명이나 필연에 겁먹을 필요가 없네. '호르텐시우스[111]는 투스쿨룸의 별장에 올 것이다'라는 이 진술이 참이 아니라면 그것이 거짓이라는 게 따라 나오네. 저들은[112] 이 둘 중 어느 쪽에도 해당하기를 원하지 않네. 하지만 그것은 불가능하지.

'게으른 논변'에 대하여

그리고 우리를 소위 저 '게으른 논변'[113]이 방해하지는 못할 것이네. 사실 이것은 철학자들에 의해 '아르고스 로고스(argos logos)'라고 불린 어떤 논변인데, 만일 우리가 이 논변에 의존한다면 우리는 살아 있는 동안 절대 아무것도 하지 않을 것이네. 그들은 이런 식으로 추론하니까 말일세. '만약 이 병에서 회복하는 것이 당신의 운명이라면 의사를 부르든 부르지 않든 당신은 회복할 것이다. **29** 마찬가지로 이 병에서 회복하지 못하는 것이 당신의 운명이라면 의사를 부르든 부르지 않든 당신은 회복하지 못할 것이다. 그런데 병에서 회복하든 회복하지 못하든 둘 중 하나는 운명이다. 따라서 의사를 부르는 것은 아무 소용도 없다.' **XIII** 이러한 종류의 추론을 게으르고 한가한 것으로 부른 것은 정당했네. 바로 이 논변에 의해 모든 활동이 우리의 삶에서 제거될 것이니까 말일세. 또한 '운명'이라는 단어를 빼고도 여전히 같은 견해를 유지할 수 있도록 이 추론을 다음과 같이 변형할 수도 있네.[114] '이것, 즉 "당신은 이 병에서 회복할 것이다"가 영원토록 참이라면 당신은 의사를 부르든 부르지 않든 회복할 것이다. 마찬가지로 만약 이것, 즉 "당신은 이 병에서 회복할 것이다"가 영원토록 거짓이라면 당신이 의사를 부르든 부르지 않든 회복하지 않을 것이다.' 이외에도 추론을 변형하는 방식은 많다네.

30 이 논변은 크뤼시포스에 의해 비판되지. 크뤼시포스는 이렇게 말하네. '왜냐하면 사건들 가운데 어떤 것은 조건 없이 단순하게 발생하는 사건이고, 어떤 것은 어떤 조건과 결부된 것이기 때문이다.[115] "소크라테스는 저날 죽을 것이다"라는 문장에서 진술되는 것은 조건 없이 단순하다.[116] 그가 어떤 것을 하든 하지 않든 그가 죽어야 할 날은 정해져 있다는 것이다. 그러나 "라이오스에게 오이디푸스가 태어날 것이다"라는 문장에서 진술되는 것이 운명에 의해 정해진 것이라면 "라이오스가 어떤 여자와 잤든지 안 잤든지"라고 말할 수는 없을 것이다. 왜냐하면 이 사건은 어떤 조건과 결부된 것이고 공(共)운명적인 것이기 때문이다.'

그가 이 사건을 이렇게 '공운명적'이라 부르는 이유는 라이오스가 그의 아내와 자리라는 것과 라이오스가 그의 아내를 통해 오이디푸스를 낳으리라는 것이 공히 운명에 의해 정해진 것이기 때문이네. 어떤 사람이 '밀론은[117] 올림피아 경기에서 레슬링을 할 것이다'라고 말한 사람에게 '따라서 그는 상대가 있든 없든 레슬링을 할 것이다'라고 답한다면 그는 잘못 답한 것이겠지. '그가 레슬링을 할 것이다'는 조건적이니까. 상대가 없으면 레슬링도 할 수 없으니 말이네. 따라서 이런 종류의 모든 오류 추론은 같은 방식으로 반박되지. '의사를 부르든 부르지 않든 당신은 회복할 것이다'는 잘못 추론된 것이네.[118] 의사를 부르는 것은 회복하는 것만큼이나 운명적(으로 정해진 것)이니까. 내가 앞서 말했듯이 이 사건들을 크뤼시포스는 '공운명적'이라 부른 것이네.

신조차 미래의 일은 알 수 없다

XIV 31 카르네아데스는 이런 유형의 논변[119] 전체를 인정하지 않았으며, 이 논변의 결론이 너무 경솔하게 내려졌다고 판단했네. 따라서 그는 (게으른 논변'과는) 다른 (추론의) 방식으로 (크뤼시포스를) 압박했지.[120] 어떤 속임수도 쓰지 않고 말이야.[121] 그의 추론 과정[122]은 이렇네. '만약 모든 일이 선행 원인으로 인해 일어난다면 모든 일은 자연적 연쇄에 의해 하나로 묶이고 엮이는 방식으로 일어난다. 그런데 만약 그것이 옳다면 필연이 모든 일을 일어나게 한다. 그리고 만약 그것이 참이라면 어떤 것도 우리의 능력 안에 있지 않다. 그런데 우리의 능력 안에 있는 것이 있다. 그러나 만약 모든 일이 운명에 의해 일어난다면 모든 일은 선행 원인을 통해 일어난다. 그러므로 무슨 일이 일어나든 그것이 운명에 의해 일어나는 것은 아니다.'

32 논변을 이보다 더 치밀하게 만들 수는 없네.[123] 왜냐하면 어떤 사람이 같은 주장[124]을 반복하면서 '만약 미래에 일어날 모든 일이 영원토록 참이고, 그래서 그것이 미래에 일어날 방식으로 확실하게 미래에 일어날 것이라면, 모든 일이 자연적 연쇄에 의해 하나로 묶이고 엮이는 방식으로 일어나는 것은 필연적이다'라고 말하기를 원한다면 그는 헛소리하는 것이기 때문이지. 자연적 원인이 미래에 일어날 일들을 영원토록 참이게 만드는지, 아니면 자연적 〔원인의〕 영원성 없이도[125] 미래에 일어날 일들이 참인 것으로 이해될 수 있는지는 큰 차이가 있으니 말일세. 그래서 카르네아데스는 아폴론조차도 미래에 일어날 일들을, 자연이 자체 속에 원인들을 포함하고 있어서 필연적으로 일어날 수밖에 없는 미래의 일들을 제외하고는 예언할 수 없다고 말하고는 했다네.[126] **33** 신 자신은 대체 무엇을 보고서 세 차례 집정관을 역임했던 저 마르켈루스[127]가 바다에서 죽게 될 것이라고 예언할 수 있겠는가? 이것은 물론 영원토록 참이었지만, 이것을 일으키

는 아무 원인도 가지고 있지 않네. 이처럼 카르네아데스는 과거의 일들조차, 발자취 같은 어떤 징표도 남아 있지 않는 한, 아폴론은 알지 못한다고 판단했네. 미래의 일들은 말할 것도 없고[128] 말이야! 왜냐하면 무슨 일이든 그것을 일으키는 원인을 인식할 때 우리는 무엇이 미래에 일어날지를 비로소 알 수 있기 때문이지. 따라서 오이디푸스에 대해서도 아폴론은 발생한 사건들 자체의 본성 속에는 오이디푸스에 의해 그의 부친이 살해될 수밖에 없는 어떤 원인도 미리 정해져 있지 않았기 때문에 이 사건을 예언할 수 없었고, 그와 같은 다른 어떤 사건도 예언할 수 없었네.[129]

XV 따라서 모든 것은 운명에 의해 일어난다고 주장하는 스토아 철학자들이 이런 종류의 예언이나 점술에서 유래하는 여타의 것들을 수용하는 것은 일관성이 있네. 하지만 미래에 일어나는 일들은 영원토록 〔그것들에 선행하는 원인이 있었든 없었든〕[130] 참이었다고 주장하는 사람들은 같은 것을 말해서는 안 되네. 그들의 입장이 스토아 철학자들의 입장과 같지 않다는 점을 이해해야 하네. 왜냐하면 이들은 더 큰 압박을 받지만, 그들의 논변은 속박되어 있지 않고 그러한 압박으로부터 자유로우니까 말이야.[131]

무엇이 진정한 원인인가

34 그런데 선행 원인 없이 아무 일도 일어날 수 없다는 것을 인정하더라도[132] 만약 우리가 그 원인이 〔그 밖의 다른〕 영원한 원인들에[133] 연결되어 있지 않은 것으로 말한다면 무슨 소용이 있겠나? 그런데 상처가 죽음의 원인이고 소화 불량이 병의 원인이며 불이 열의 원인이듯이 〔진정한 의미의〕 원인은 어떤 일을 그것의 〔필연적 발생의〕 원인으로서 일으키는 것이네. 따라서 우리는 어떤 일에 선행하는 것이 그 일의 원인이라는 식으로 이해해서는 안 되고, 어떤 일에 선행하면서 그 일을 〔필연적으로〕 일으키는 것만이 그 일의 원인이라는 식으로 이해해야 하네. 그래서 우리는 내가 운동장으로 내려간 사실을 내가 공놀이한 것의 원인으로 말해서도 안 되고,[134] 헤카베가 알렉산드로스를 낳았기 때문에 그녀가 트로이아 몰락의 원인이었다고 말해서도 안 되며,[135] 튄다레오스가 클뤼타임네스트라의 아버지였기 때문에 그가 아가멤논 죽음의 원인이었다고 말해서도 안 되네.[136] 왜냐하면 이런 식으로 말하면 우리는 옷을 잘 차려입은 여행자에 대해서도 옷을 잘 차려입은 것이 노상강도에 의해 그가 옷을 강탈당한 원인이라고 말할 것이기 때문이지.

35 엔니우스[137]의 유명한 시구도 이런 부류의 것이지.

펠리온의 숲에서 결코 도끼에 잘려

전나무 선재(船材)가 땅에 쓰러지지 않았다면!

엔니우스는 더 거슬러 갈 수 있었을 것이네. '펠리온산에 결코 나무가 자라지 않았다면!' 심지어 그는 더 거슬러 올라가 '펠리온산이 아예 없었다면!'이라고 말할 수 있었을 것이네. 이런 식으로 더 앞선 것으로 되돌아간다면 우리는 무한히 거슬러 갈 수 있을 것이네.

그리고 거기서 선박[138] 건조가

시작하지 않았다면!

그럼 과거의 일들로 계속 거슬러 가는 시구들을 〔그는〕 왜 썼을까? 다음과 같은 이유 때문이었지.

그랬다면 방황하는 내 안주인이 결코 집 밖으로 나오지 않았을 텐데.
메데이아여, 아픈 마음의, 맹렬한 사랑으로 상처받은 여인이여.

하지만 앞서 언급된 그 일들은 메데이아의 사랑의 원인이 아니었네.[139]

XVI 36 그런데 그들 자신은 그것 없이 다른 어떤 일이 일어날 수 없는 부류의 일과 그것과 더불어 다른 어떤 일이 필연적으로 일어나는 부류의 일 사이에 큰 차이[140]가 있다고 주장하네. 따라서 이 일[141] 가운데 어떤 것도 원인이 아니지. 그 어떤 일도 다른 어떤 일을 그것의 (필연적 발생의) 원인으로서 그 자체의 힘으로 일으키지 않기 때문이네. 또한 어떤 일은 그것 없이 다른 어떤 일이 일어날 때 그 다른 어떤 일의 원인이 아니네. 오히려 그 다른 어떤 일이 발생했을 때 그것을 그것의 원인으로서 필연적으로 일으키는 것이 원인이네. 가령 필록테테스[142]가 아직 뱀에 물려 상처를 입지 않았을 때, 대관절 그가 렘노스섬에 버려질 것에 대한 어떤 원인이 발생한 사건들 자체의 본성 속에 포함되어 있었는가? 하지만 후에 원인은 더 가까이 있었고, 그 결과와 더 밀접하게 연결되어 있었지. **37** 따라서 어떤 사건이 결과에 도달하는 방식이 어떤 사건이 그 결과에 도달한 것의 원인을 드러내는 것이네.[143] 하지만 '필록테테스는 섬에 버려질 것이다'라는 이 진술은 영원토록 참이었고, 이것은 참에서 거짓으로 바뀔 수 없었지. 왜냐하면 두 상반된 진술의 경우— 내가 여기서 '상반된'으로 의미하는 것은 그 진술 중 하나는 어떤 것을 긍정하고 다른 하나는 이것을 부정한다는 것이네—(그것은)[144] 필연적이기 때문이네. 즉 에피쿠로스주의자들의 바람과 반대로 이들 진술 중 하나가 참이고 다른 하나가 거짓인 것은 필연적이기 때문이지. 그렇게 필연적으로 '필록테테스가 상처를 입을 것이다'라는 진술은 모든 시대에 걸쳐 참이었고, '필록테테스가 상처를 입지 않을 것이다'라는 진술은 거짓이었네. 혹시 우리가 그와 같은 진술이 참도 아니고 거짓도 아니라고 주장하거나 그렇게 주장하는 것에 수치심을 느낄 때 훨씬 더 뻔뻔스러운 것, 즉 상반된 진술들로 이루어진 선언[145]은 참이지만 그 선언 안에 포함된 진술 중 어떤 것도 참이 아니라고 주장하는 에피쿠로스주의자들의 의견[146]을 따르고자 하지 않는다면 말이네. **38** 맙소사, 논리적인 토론의 장에서 자행되는, 이 얼마나 경악스러운 파렴치와 딱한 무지인가! 진술되는 것이 참도 아니고 거짓도 아니라면 그것은 확실히 참이 아니지. 그러나 참이 아닌 것이 어떻게 거짓이 아닐 수 있는가? 또는 거짓이 아닌 것이 어떻게 참이 아닐 수 있는가? 그러니 크뤼시포스가 옹호하는, 모든 진술이 참이거나 거짓이라는 주장은 견지될 수 있네. 물론 이성 자체는 어떤 사건들에 대해 그것들에 관한 진술이 영원토록 참이라는 것뿐만 아니라, 그것들이 일련의 영원한 원인들에 결박되어 있지 않고 운명의 필연성에서 벗어나 있다는 것 역시 받아들이도록 우리에게 강요하지만 말이네.[147]

세 번째 연설

자유의지와 운명

XVII 39 내 생각은 이렇네. 옛 철학자들 사이에는 두 견해[148]가 존재했네. 그중 하나는 운명이 필연의 힘을 부과하는 방식으로 모든 일이 운명에 의해 일어난다고 생각한 사람들에 의해 주장된 것이지. 이 견해는 데모크리토스[149]와 헤라클레이토스[150]와 엠페도클레스[151]와 아리스토텔레스[152]가 주장한 것이네. 다른 하나는 운명과 전적으로 무관한 영혼의 자발적 운동이 있다고 생각한 사람들의 견해네. 이에 크뤼시포스는 〔두 극단을 피하려고〕 마치 명예 중재인처럼 타협점[153]을 찾고 싶었던 것 같지만, 실제로는 영혼의 운동이 필연으로부터 자유롭기를 원하는 사람들 쪽에 더 기울어져 있었지. 하지만 그는 자신이 사용하는 표현들 때문에 운명의 필연성을 어쩔 수 없이 지지해야 하는 자가당착에 빠지네.

두 종류의 동의

40 이것이 정확히 무엇을 의미하는지를, 자네가 원한다면, 내가 연설의 첫 부분에서 다루었던 '동의'의 예를 통해 살펴보세. 모든 것이 운명에 의해 일어난다고 믿었던 옛 철학자들은 동의도 강제적 힘과 필연에 의해 유발된다고 주장했네. 하지만 그들의 견해에 반대했던 사람들은 동의를 운명으로부터 자유롭게 했고, 운명의 영향력이 동의에 가해진다면 동의로부터 필연이 제거되는 것은 불가능할 것이라고 주장했지. 이 사람들은 이렇게 논변[154]을 전개했네. '모든 일이 운명에 의해 일어난다면 모든 일은 선행 원인에 의해 일어난다. 충동이 그렇다면 충동에 앞서는 것 역시 그렇게 일어난다.[155] 그러므로 동의 역시 그렇게 일어난다. 하지만 충동의 원인이 우리에게 달려 있지 않다면, 충동 자체 역시 우리의 능력 안에 있지 않다. 그리고 그것이 사실이라면, 충동으로 말미암아 일어나는 것 역시 우리에게 달려 있지 않다. 그러므로 우리의 동의도 우리의 행위도 우리의 능력 안에 있지 않다. 이로부터 칭찬이나 비난뿐만 아니라 명예의 수여나 처

벌도 정당하지 않다는 것이 따라 나온다.' 하지만 이 논변이 부당하다고 생각하기 때문에 그 사람들은 일어나는 모든 일이 운명에 의해 일어나는 것은 아니라고 결론짓는 것이 더 설득력 있다고 생각하네.

두 종류의 원인

XVIII 41 그런데 크뤼시포스는 한편으로 〔인간의 행위와 관련해 영혼의 자유를 긍정하고〕 필연을 부정했으면서도 다른 한편으로 미리 정해진 원인 없이는 아무 일도 일어나지 않기를 바랐기 때문에 필연을 피하〔고 자유를 수용하〕면서도 운명을 보존할 수 있도록 원인의 두 종류를 구분했네.[156] 그는 이렇게 말했지. "왜냐하면 원인들 가운데 어떤 것은 완전하고 주도적인 것이며, 어떤 것은 보조적이고 최근접적인[157] 것이기 때문이다. 그런 까닭에 모든 것이 '선행 원인을 통해' 운명적으로 일어난다고 말할 때, 우리는 이것이 '완전하고 주도적인 원인을 통해'가 아니라 '선행하는 보조적이고 최근접적인 원인을 통해'로 이해되기를 바란다." 그래서 그는 내가 조금 전에 제시한 논변에 다음과 같이 대응했네. "모든 것이 운명에 의해 일어난다면 실로 모든 일이 선행 원인들에 의해 일어난다는 것이 따라 나온다. 하지만 이들 원인은 완전하고 주도적인 원인이 아니라 보조적이고 최근접적인 원인이다.

비록 이들 원인 자체가 우리의 능력 안에 있지 않더라도 충동 역시 우리의 능력 안에 있지 않다는 것은 따라 나오지 않는다. 물론 이것이[158] 따라 나올 수는 있다. 만일 우리가 모든 것이 완전하고 주도적인 원인에 의해 일어나기 때문에 그러한 원인이 우리의 능력 안에 있지 않은 한 그것[159] 역시 우리의 능력 안에 있지 않을 것이라고 주장한다면 말이다."

42 그런 까닭에 저 결론[160]은 운명을 도입해 그것에 필연을 추가하는 사람들에게는 유효하지만,[161] 선행 원인들을 완전하고 주도적인 원인이라는 의미에서 말하지 않는 사람들에는 전적으로 무효라네.[162] 동의가 미리 정해진 원인을 통해 일어난다고 말할 때, 사실 크뤼시포스는 이것이 정확히 무엇을 의미하는 것인지를 쉽게 설명할 수 있다고 믿고 있기 때문이지. 왜냐하면 표상에 의해 자극받지 않으면 동의가 발생할 수 없는데도 불구하고 표상이 동의에 최근접적 원인으로서 작용할 뿐이고 주도적 원인으로서 작용하는 것은 아니기 때문에 동의는 크뤼시포스가 원하는 바와 같이 우리가 조금 전에 말한 방식으로 설명될 수 있기 때문이네. 물론 동의는 외부의 어떤 힘에 의해 촉발되지 않고서도 발생할 수 있는 것은 아니지만—동의는 반드시 표상을 통해 자극받아야 발생하니까 말이네[163]—그는 이 상황에서 그의 원통과 팽이로 되돌아간다네. 우리가 치지 않으면 이것들의 운동은 시작될 수 없네. 하지만 그것이[164] 일단 발생하면 그다음부터 원통

이나 팽이는 그것들 자체의 본성에 의해 구르거나 돈다고 그는 생각하지. **XIX 43** 그는 말했네. "결국 이런 식이다. 원통을 밀친 사람은 원통에 운동의 시작은 주었지만 구르는 힘을 준 것은 아니다. 그렇게 저 표상 역시 그것이 우리에게 주어질 때 그 형태를 우리의 정신에 흡사 도장을 찍듯이 새길 것이지만, 저 표상에 대한 이성의 동의는 우리의 능력 안에 있고, 이미 원통의 사례에서 말했듯이 우리 이성의 동의는 일단 외부로부터 밀쳐지면[165] 그다음부터는 〔동의하는 이성의 의지〕 그 자체의 힘과 본성에 의해 운동한다. 어떤 일이 선행 원인 없이 일어난다면 모든 일이 운명에 의해 일어난다는 것은 거짓일 것이다. 하지만 모든 일에 대개[166] 어떤 선행하는 원인이 있다면 모든 일이 운명에 의해 일어난다는 것을 무슨 이유로 인정하지 않을 수 있겠는가? 원인들이 어떤 점에서 서로 구별되고 어디에 그것들의 차이가 놓여 있는지를 이해하고 있다면 말이다."

동의에 관한 견해차는 말뿐이네

44 이런 식으로 크뤼시포스는 그와 같은 문제들에 관해 설명했네. 따라서 동의가 운명에 의해 일어난다는 것을 부정하는 사람들[167]이 이처럼 부정하면서도 동시에 동의가 선행하는 표상 없이 일어나지 않는다는 것을 인정한다면 그것은 크뤼시포스의 주

장과는 다른 주장이네.[168] 하지만 이들이 표상이 동의에 선행한다는 것은 받아들이면서도 표상이 동의에 인접한 최근접적 원인으로 작용할 뿐 동의를 〔필연적으로〕 유발하지는 않기 때문에 동의가 운명에 의해 발생하는 것은 아니라고 말할 경우, 그들이 크뤼시포스와 동일한 주장을 하는 것은 아닌지 주목해 보게.[169] 왜냐하면 크뤼시포스 역시 동의에 인접한 최근접적 원인이 표상에 놓여 있다는 것은 받아들이지만, 이 최근접적 원인이 동의를 필연적으로 유발하는 원인이라는 것은 받아들이지 않을 것이기 때문이고, 결과적으로 모든 일이 운명에 의해 일어난다면 모든 일은 그것에 선행하고 그것을 필연적으로 유발하는 원인에 의해 일어난다는 것을 받아들이지 않을 것이기 때문이지. 또한 마찬가지로 그와 의견을 달리하는 사람들이 동의가 선행하는 표상 없이는 절대 발생하지 않는다는 것을 시인할 때, 그들은 모든 일이 — 선행하는 원인 없이는 어떤 일도 일어나지 않는다는 의미에서 — 운명에 의해 일어난다면 모든 일이 운명에 의해 일어난다는 사실은 시인되어야 한다고 말할 것이네. 이로부터 우리는, 양측 모두 각각의 견해를 밝히고 설명한 후 동일한 결과에 도달하기 때문에 양측의 견해차가 사실이 아니라 말에 있다는 점을 쉽게 이해할 수 있지. **45** 간단히 말하면 그 차이는 이것이네. 어떤 일들의 경우, 원인들이 선행할 때 그것들이 원인이 되어 일어나는 일들의 발생을 막는 것은 우리 능력 안에 있지 않다고 정

당하게 말할 수 있지만, 어떤 일들의 경우, 원인들이 선행함에
도 불구하고 그것들이 〔그 원인들에 의해 발생해야 하는 방식과〕 달
라지게 하는 것은 우리의 능력 안에 있다고 정당하게 말할 수 있
지. 양측 모두 이 차이를 인정한다네. 그러나 한 측은 어떤 일들
의 경우, 그것들이 운명에 의해 일어나는 일들이라고 생각하네.
왜냐하면 원인들이 선행해 있으므로 〔그 원인들에 의해 발생하는〕
일들이 〔그 원인들에 의해 발생해야 하는 방식과〕 달라지게 하는 것
은 우리의 능력 안에 있지 않기 때문이지. 이에 반해 우리의 능
력 안에 있는 일들은 운명과 무관한데….[170]

나오면서

원자론에 대하여

XX 46 이런 식으로 우리는 이 사안에 관한 논쟁을 끝내야 하지, 이리저리 방황하고 제 경로에서 이탈하는 원자에 도움을 구해서는 안 되네. 에피쿠로스는 "원자가 제 경로에서 이탈한다"라고 말하네. 그렇다면 첫째로 내가 묻거니와 대체 왜 그러는가? 운동을 위해 원자들은 한편으로 데모크리토스로부터는 어떤 하나의 힘, 즉 그가 충격이라고 부른 외적 압박의 힘을, 다른 한편으로 당신 에피쿠로스로부터는 무거움과 무게의 힘을 얻었는데, 원자를 그 경로에서 이탈시킬 수 있는 무슨 새로운 원인이 자연 속에 있다는 것인가? 아니면 원자들은 저희끼리 누가 이탈하고

누가 이탈하지 않을지 제비를 뽑는 것인가? 아니면 왜 원자들은 더 큰 간격이 아닌 최소 간격으로 이탈하는가? 아니면 왜 원자들은 둘 또는 셋이 아닌 하나의 최소 간격으로 이탈하는가? 이것은 사실 희망을 말한 것이지 논변을 펼친 것은 아니네.

47 왜냐하면 에피쿠로스 당신은 외부의 압박을 통해 원자가 위치를 바꾸고 경로에서 이탈한다는 것을 주장하는 것도 아니고, 원자가 이동하는 저 허공 속에 원자가 직선 이동을 하지 않는 것에 대한 어떤 원인이 있었다고 주장하는 것도 아니기 때문입니다. 그리고 원자 자체에서도 그 무게에서 기인하는 자연적 운동을 유지하지 못하게 할 어떤 변화가 발생하지 않았으니까 말입니다. 에피쿠로스는 이처럼 원자들의 저 경로 이탈을 일으킬 수 있는 어떤 원인도 제시하지 못했음에도 불구하고 자신이 뭔가 의미 있는 것을 말하고 있다고 생각하네. 실제로는 모든 사람의 지성이 거부하고 배격하는 것을 말하면서 말일세.

48 그리고 나에게는 원자들의 이러한 허구적 이탈로 도피하지 않고서는 달리 운명에 저항할 방도가 없음을 용인하는 이 사람[171]보다, 운명뿐만 아니라 모든 일에 작용하는 필연의 강제적 힘을 더 긍정하고 정신의 자발적〔이고 자유로운 의지의〕 운동을 더 부정했던 사람은 없는 것처럼 보이네. 원자가 실제로 있다는 것이 인정된다고 하더라도 ─ 물론 원자가 실제로 있다는 것을 내게 어떤 식으로든 증명할 수 있는 사람은 없겠지만 ─ 원자들의

이 경로 이탈은 절대 설명될 수 없을 테니까 말일세. 아무것도 방해하지 않는 한 무게를 가진 모든 것이 〔아래로〕 움직이고 이동하는 것은 필연적이기 때문에 만일 무거움에 의해 이동하는 것이 자연의 필연성에 따라 원자에 부여된다면, 그리고 경로의 저 이탈 역시 일부 원자에 대해, 또는 그들이[172] 원한다면 모든 원자에 대해 본성적으로 필연적이라면….[173]

부록

단편들

단편 1[174]

한편으로 모든 것은 운명에 의해 일어난다는 것과 다른 한편으로 어떤 것은 우리에게 달려 있다는 것을 어떻게 설명해야 할지와 관련해 진땀 빼며 고생하다가 크뤼시포스는 이런 식으로 진퇴양난의 지경에 이르렀네.

단편 2[175]

운명은 영원에 걸쳐 지속적으로 번갈아드는 사건들의 결합이며, 이 결합은 그 자체의 질서와 법칙에 따라 변화하지만, 그 변화 자체가 영원한 지속성을 갖는 방식으로 변화한다네.

63

단편 3[176]

인간의 마음은 아버지 유피테르 자신이 비옥한 땅을 빛으로 비추는 것과 같은 것이오.

단편 4[177]

매우 유명한 의사였던 히포크라테스는, 동시에 아프기 시작해서 같은 때 병세가 더 심해졌다가 같은 때 다시 좋아진 두 형제를 쌍둥이로 믿었네. 점성술을 깊이 연구했던 스토아 철학자 포세이도니오스는 이 두 형제가 별들의 배치가 동일할 때 태어났고 잉태됐다고 주장하고는 했지.

단편 5[178]

스키피오가 폰티우스와 함께 라베르니움의 집에 머물고 있었을 때, 마침 스키피오에게 철갑상어 한 마리가 선물로 들어왔네. 이 물고기는 매우 잡기 어려운 것으로, 사람들은 최고의 진미라 했지. 그러나 스키피오가 인사차 왔던 사람들 가운데 한두 사람을 초대했고 이어 또 여러 사람을 더 초대할 것처럼 보였을 때, 폰티우스는 스키피오에게 귀에 대고 속삭였다네. "스키피오, 주의하세요. 당신이 대접하려는 철갑상어는 소수를 위한 음식입니다!"

아프로디시아스의 알렉산드로스의
『운명론』[179]

이준엽 옮김(정암학당 연구원)

왜 운명론이 가능성과 우연성을 배제하지 않는가

X 176.14~25[180] 모든 것들이 운명에 따라 생길지라도 가능성 (dynaton)과 우연성(endechomenon)은 제거되지 않는다고 말하는 이유는 다음과 같습니다.[181] 어떤 것에 의해서도 그것이 생기기를 방해받지 않는 것은 비록 그것이 생기지 않았을지라도 생기는 것이 가능한 것이고, 운명에 따라 생기는 것들과 반대되는 것들은 생기기를 방해받지 않았습니다. (이 때문에 그것들은[182] 생기지 않음에도 불구하고 가능한 것들입니다.)[183] 그리고 그것들이[184] 생기기를 방해받지 않았다는 것의 증거로서 그것들을 방해하는 것들이 우리에게 알려져 있지 않다는 것이 제시됩니다. 여하튼 [방해하는]

어떤 것들이 존재하는데도 말입니다.[185] (왜냐하면 이것들과 반대되는 것들[186]이 운명에 따라 생기는 것의 원인인 것들은, 이것들에게 안 생기는 것의 원인이기도 하니까 말입니다. 적어도 만일 그들이[187] 말하듯 동일한 주변 상황에서 반대되는 것들이 생기는 것이 불가능하다면 말이지요. 하지만 존재하는 어떤 [방해하는] 것들이 우리에게 알려져 있지 않기 때문에 이런 이유로 그들은 그것들의[188] 생김이 방해받지 않았다고 말합니다.) 정녕 이렇게 말하는 것이 어찌 장난은 필요 없는 논의에서 장난하고 있는 자들의 짓이 아니겠습니까? 왜냐하면 우리가 알지 못한다는 것은 사물들이 존재하거나 존재하지 않음에 아무 관련도 없는 것이기에 말입니다.

스토아학파가 주장하는 '우리에게 달린 것'

XIII 181.13~182.20[189] 그들은 인간이 반대의 것들을 선택하고 행위할 재량을 가진다는 것을 제거하면서도 우리를 통해서 (dia) 생기는 것이[190] 우리에게 달린(epi) 것이라고 말합니다. 그들이 말하기를 존재하는 것들과 생기는 것들의 본성들[191]은 다르고 차이가 있는데, (영혼이 있는 것들과 영혼이 없는 것들의 본성들은 동일하지 않고, 또한 영혼이 있는 것들 모두의 본성들조차 동일하지 않습니다. 존재하는 것들의 종적 차이들은 그것들이 가진 본성들의 차이들을 보여 주니까 말입니다) 각각의 것에 의해 생기는 것들은 자신의 고유한 본성에 따라, 즉 돌에 의해 생기는 것들은 돌의 본성에 따라, 불에 의해 생기는 것들은 불의 본성에 따라, 동물에 의해 생기는 것들은 동물의 본성에 따라 생깁니다. 그 때문에 그들은 각각의 것에 의해 자신의 고유한 본성에 따라 생기는 것 가운데 아무것도 다르게 있을 수 없고, 그것들에 의해 생겨나는 각각의 것은 강제적으로, 필연에 따라 생긴다고 말합니다. 그리고 그 필연은 물리적 힘에서 나온 필연이 아니라, 이런 식으로〔움직여지는〕본성을 가진 것이,[192] 그때(즉 그것의 주변 상황이 그 주변에〔그렇게〕일어나 있을 수밖에 없는 그런 것일 때) 이런 식이 아니라 다른 어떤 식으로 움직여질 수 없음으로부터 비롯된 필연이라고 말합니다. 돌은 어떤 높이에서 놓으면 아무것도 방해하지 않을 경우 아래로 이동하지 않을 수 없습니다. 이는 돌이 자신 안에 무게를 갖고 있는 한편, 무게가 그런 운동의 본성적 원인이니까, 그 본성적 운동과 관련해서 돌을 돕는 외적 원인들 역시 곁에 있을 때, 돌은 필연적으로 본성〔상 이동하는〕대로 이동하기 때문입니다.[193] 그런데 그때 돌이 움직이게 되는 이 원인들은 여하튼 돌 곁에 필연적으로 있습니다. 이것들이 곁에 있을 때,〔돌은〕움직이지 않을 수 없을 뿐만 아니라, 그때 움직이는 것이 필연적이기까지 하며, 그런 운동은 운명에 의해 돌을 통해서(dia) 생깁니다. 그리고 동일한 설명이 다른 것들의 경우에도 적용됩니다. 동물들의 경우에도 영혼이 없는 것들의 경우와 마찬가지라고 그들은 말합니다. 왜냐하면 동물들에게도 어떤 본성적 운동이 있고, 그것은 충동에 따른 운동이기 때문입니다. 어떤 동물이든 동물로서 움직인다면 운명에 의해 동물을 통해서 생기는, 충동에 따른 운동을 하니까 말입니다. 이러한 사실 때문에 우주 안에서 운명에 의해서 생기는 운동들과 활동들 가운데 어떤 것들은, 마침 그렇게 된다면, 흙을 통해서, 어떤 것들은 공기를 통해서, 어떤 것들은 불을 통해서, 어떤 것들은 다른 무언가를 통해서 생기는 반면, 어떤 것들은 동물들을 통해서도 생기는데, (충동에 따른 운동이 그런 것입니다) 그들은 운명에 의해 동물들을 통해서(dia) 생기는 것들이 동물들에 달려(epi) 있다고 말합니다. 필연과 관련해서 다른 모든 것들과 마찬가지 방식으로 생기면서 말입니다. 이것들에도[194] 외적 원인들이 그때 곁에 있어야만 하고, 그렇게 해서 이것들은 자신으로부터 유래한 운동이자 충동에 따른 운동을 필연적으로 그런 어떤 방식에 따라 수행하기 때문입니다. 하지만 동물들의 운동은 충동과 동의를 통해서 생기는 반면, 영혼이 없는 것들의 운동 중 어떤 것들은 무게로 인해, 어떤 것들은 열로 인해, 어떤 것들은 다른 어떤 원인에[195] 따라 생기기 때문에 이 운동[196]은 동물들에 달려 있다고 그들은 말하지만, 저 운동[197] 각각은 어떤 경우 돌에, 다른 경우 불에 달려 있다고 더 이상 말하지 않습니다. 이와 같은 것이 간단히 말해 우리에게 달린 것에 관한 그들의 견해입니다.

'운명론이 거짓이라면 원인 없는 운동이 도입된다'라는 스토아학파의 전제

XV 185.7~21[198] 만일 누군가 동일한 주변 상황에서 어떤 때는 이렇게, 다른 때는 저렇게 행동한다면 원인 없는 운동이 도입된다는 점에 의존하는 자들이[199] 그 점을 들어 아무도 행위할 것의 반대되는 것을 행위할 수 없다고 주장하는 것 역시 아마도 앞서 언급된 것과 똑같이 잘못 본 것 중 하나일 것입니다. 원인에 따라 생기는 것들이 언제나 전적으로 외부로부터 그 생겨남의 원인을 갖는 것은 아니니까 말입니다. 왜냐하면 외부로부터의 어떤 원인이 아니라, 우리가 이렇게 생기는 것들을 좌우한다는 식의 그 재량 때문에 무언가가 우리에게 달린 것이니까 말입니다. 이런 이유로 이렇게 생기는 것들은 우리로부터 원인을 갖는 것이지, 원인 없이 생기는 것이 아닙니다. 인간은 그를 통해 생기는 행위들의 근원이자 원인이고, 이는 이렇게 행위하는 것의 근원을 자신 안에 갖는 것이 마치 비탈을 따라 아래로 굴러 내려가는 것이 구에게 있는 것처럼 인간에게 있다는 것입니다. 이런 이유로 다른 것들 각각은 그것을 둘러싼 외적 원인들을 따르지만, 인간은 그렇지 않습니다. 인간의 본질은 그 안에 근원과 원인을 갖고 있어서 그를 둘러싼 외적 상황에 전적으로 따르지는 않는 것에 있기 때문입니다.

스토아학파가 주장하는 '운명'이란 무엇인가

XXII 191.30~192.28[200] 자, 이제 그들이 말하기를 이 우주는 하나이고, 존재하는 것들 모두를 자신 안에 에워싸고 있으며, 살아 있고 이성적이며 지성적인 자연에 의해 운영되므로 존재하는 것들의 영원한 운영을 〔자신 안에〕 갖는데,[201] 그 운영은 모종의 연쇄와 질서에 따라 진행됩니다. 즉, 먼저 생기는 것들은 이것들 다음에 생기는 것들에게 원인[202]이 되고, 이렇게 모든 것은 서로 함께 묶여 있습니다. 그리고 우주 안에 있는 어떤 것도 이런 식으로, 즉 다른 무언가가 그것에 반드시 뒤따르고 원인으로서 있는 그것에 꼭 붙어 있지는 않은 식으로 생기지 않습니다. 또 한편 나중에 생기는 것들 중 어떤 것도 앞서 생긴 것들로부터 이것들 가운데 어떤 것에 마치 함께 묶여 있는 듯이 뒤따르지는 않는 식으로 풀려나 있을 수 없습니다. 오히려 생겨난 것은 어느 것에든 원인으로서 있는 그것에 필연적으로 의존해서 다른 무언가가 뒤따르고, 생기는 것은 어느 것이든 그것 자신보다 앞서 있는 무언가를 그것이 의존하는 원인으로서 갖습니다. 우주 안에 있는 것들 중 아무것도 원인 없이는 존재하지도 생기지도 않으니까 말입니다. 우주 안에 있는 것들 중 아무것도 앞서 생긴 모든 것들로부터 풀려나 있지도 않고 떨어져 있지도 않기 때문이지요. 실로 만일 원인 없는 어떤 운동이 도입된다면 우주는 갈 가리 찢기고 갈라져 더 이상 언제나[203] 하나의 질서와 살림에 따라 운영되는 하나로 남아 있지 않을 것입니다. 그리고 원인 없는 운동은, 만일 존재하고 생기는 것들이 필연적으로 그에 따라 붙는 앞서 생긴 어떤 원인들을 그것들 모두가 갖는 것은 아닐 경우, 도입될 것입니다. 그들은 말하기를 원인 없이 〔무언가가 생기는〕 것은 존재하지 않는 것으로부터 무언가가 생기는 것과 마찬가지이며, 그와 마찬가지로 불가능합니다. 만유(萬有)의 운영은 그런 것[204]이어서 무한으로부터 무한에 이르기까지 명백하고도[205] 파국 없이 생깁니다. 그런데 원인들 가운데에도 어떤 차이가 있고, 그 차이를 상술하면서 그들은 한 떼의 원인들을 나열합니다. 어떤 것은 개시하는(prokatarktika) 원인이고, 어떤 것은 가담하는(synaitia) 원인이며, 어떤 것은 성향적(hectika) 원인[206]이고, 어떤 것은 결속적(synectika) 원인이며, 어떤 것은 또 다른 어떤 〔종류의〕 원인(이 설명을 그들이 말한 모든 것들을 낱낱이 언급하며[207] 길게 할 필요는 전혀 없고, 그들이 갖고 있는 운명에 관한 교설의 취지를 보여줄 필요가 있으니까 〔이 정도로 충분합니다〕)입니다. 자 이제, 꽤 많은 원인들이 존재하는데, 원인인 것과 이 원인이 어떤 것에게 원인이 되는 그 어떤 것을 둘러싼 것들이[208] 모두 동일할 때, 때에 따라 이런 식으로 일어나기도 하고 일어나지 않기도 하는 일은 불가능하다는 것이 그 원인들 모두에 적용되어 똑같이 참이라고 그들은 말합니다. 만일 그런 일이 생기면 원인 없는 어떤 운동이 도입될 테니까 말입니다. 운명 자체는 자연이자 이성(이것에 따라 만유가 운영됩니다)이며, 그것을 그들은 신이라고 말합니다. 그것은 존재하고 생기는 모든 것들 안에 있으며, 이런 식으로 모든 존재하는 것들의 고유한 본성을 만유의 살림을 위해 사용합니다.

'우리에게 달린 것'이 선택의 자유를 뜻한다면 왜 불합리한가

XXVI 196.24~197.3 그들은 다음과 같이 말합니다.[209] "만일 우리가 그 반대의 것들도 할 수 있는 것들이 우리에게 달린 것이고, 이러한 것들에 칭찬과 비난, 장려와 만류, 처벌과 보상이 적용된다면 현명함과 덕을 갖는 것은 이것들을 가지고 있는 자들에게 달려 있지 않을 것이다. 왜냐하면 그들은 더 이상 덕과 반대되는 악덕을 받아들일 수 없기 때문이다. 마찬가지로 악덕조차 악덕한 자들에게 달려 있지 않다. 이들에게 더 이상 악덕하지 않음이 역시 달려 있지 않으니까 말이다. 하지만 덕과 악덕이 우리에게 달려 있지 않다고, 또 이것들과 관련해서 칭찬과 비난이 생기지도 않는다고 말하는 것은 정말로 이상하다. 그러므로 우리에게 달린 것은 그러한[210] 것이 아니다."

덕과 악덕에 관한 스토아학파의 입장은 왜 불합리한가

XXVIII 199.14~22 만일 그들의 견해에 따라 오직 덕과 악덕만 각각 좋은 것이고 나쁜 것이라면, 그리고 다른 동물들 중 아무것도 〔덕과 악덕〕둘 중의 어느 것도 받아들일 수 없다면, 또 만일 대부분의 사람들이 나쁜 반면, 좋은 자가 되었다고 그들이 꾸며낸 사람은, 에티오피아 있는 불사조(不死鳥)보다도 더 드물게, 자연에 반하여 있는, 그리고 상식에 어긋난 어떤 동물처럼, 하나나 둘이라면, 그리고 만일 나쁜 자들 모두는 한 명이 다른 한 명과 조금도 다르지 않을 정도로 서로 동등하게 나쁘고, 현명하지 않은 자들 모두는 똑같이 미쳤다면,[211] 인간은 악덕과 광기를 자신과 함께 갖고 태어났고 할당받았는데, 어찌 모든 동물 중 가장 비참한 것이 아닐 수 있겠습니까?

운명에 따른 행위도 칭찬과 비난을 받는다

XXXIV 205.24~32 그들은 자연에 의해 구성된 것들 각각이 운명에 따라 지금 그러한 바대로 그렇게 존재한다고 전제하고, '자연에 의해'와 '운명에 따라'는 동일하다고 여기면서 다음과 같이 덧붙일 것입니다. "그러므로 동물들이 감각도 하고 충동을 겪기도 하며, 그중 일부는 단지 활동을 하지만 다른 일부는 이성적 행위를 하고, 〔다시 이 중〕 일부는 잘못된 행위를 하지만 다른 일부는 올바른 행위를 하는데, 이는 운명에 따라서일 것이다. 이것들은 이들에게 자연에 따른 것이니까 말이다. 그런데 잘못된 행위들 및 올바른 행위들과 그런 본성 및 성질을 갖는 것들이 남아 있고 제거되지 않는다면 칭찬과 비난과 처벌과 보상 역시 남아 있게 된다. 왜냐하면 이것들은 그런 식의 귀결과 질서로 되어 있기 때문이다."

운명이 있어도 칭찬과 비난이 남는 이유

XXXV 207.5~21[212] 그들은 다음과 같이 말합니다. "운명은 그런[213] 것인데 숙명은 존재하지 않는 것은 아니고,[214] 숙명은 존재하는데 팔자는 존재하지 않는 것도 아니며, 팔자는 존재하는데 응보는 존재하지 않는 것도 아니고, 응보는 존재하는데 법은 존재하지 않는 것도 아니며, 법은 존재하는데도 옳은 이성, 즉 행해야 할 것들은 명령하고 행해서는 안 될 것들은 금지하는 옳은 이성은 존재하지 않는 것도 아니다. 그런데 금지되는 것은 잘못된 행위들이고, 명령되는 것은 올바른 행위들이다. 따라서 운명은 그런 것인데 잘못된 행위들과 올바른 행위들은 존재하지 않는 것은 아니다. 하지만 만일 잘못된 행위들과 올바른 행위들이 존재하면 덕과 악덕이 존재하고, 또 이것들이 존재하면 아름

다움과 추함이 존재한다. 그런데 아름다움은 칭찬받을 만한 것이고 추함은 비난받을 만한 것이다. 따라서 운명은 그런 것인데 칭찬받을 만한 것과 비난받을 만한 것은 존재하지 않는 것은 아니다. 그런데 칭찬받을 만한 것은 보상받아 마땅한 것이고 비난받을 만한 것은 처벌받아 마땅한 것이다. 따라서 운명은 그런 것인데 보상과 처벌은 존재하지 않는 것은 아니다. 그런데 보상은 상에 대한 권리 요구이고 처벌은 교정이다. 따라서 운명은 그런 것인데 상에 대한 권리 요구와 교정은 존재하지 않는 것은 아니다. 그런데 만일 이렇다면 모든 것들이 운명에 따라 생길지라도 언급된 모든 것들,[215] 즉 올바른 행위들과 잘못된 행위들, 보상과 처벌, 상에 대한 권리 요구, 칭찬과 비난이 남아 있게 된다."

주석

1   도입부에 해당하는 1~4절의 시작 부분은 누락되어 있다. 『운명론』에는 총 네 군데의 누락이 있는데, 이 부분이 그 첫 번째 것이다. 앞으로 순서에 따라 '누락 1~4'로 부를 것이다. '누락 1'의 내용은 이후 논의, 특히 1~4절의 언급으로부터 어느 정도 추론할 수 있다. 1a절에서는 윤리학과 논리학이 각각 '성격에 관한 학'과 '논증의 학'으로 소개된다. 이는 이 책에서 다루는 운명의 문제가 적어도 철학의 이 두 분야와 관련되어 있음을 시사한다. 1b절에서는 이 책의 논의 전개 방식이 유사한 주제의 다른 두 저술의 방식과 다름을 지적하고, 2~4절에서는 키케로의 대화 상대를 소개하며 두 사람이 살았던 시대적, 정치적 상황을 설명한다. 본격적 연설에 앞서 도입부에 논의 대상에 접근하는 관점의 다양성, 대화의 형식, 등장인물 등이 포함되는 것은 자연스럽다. 하지만 이것만으로 논의의 전체적 방향을 포괄적으로 수립해야 하는 도입부의 역할을 충실히 이행했다고 보기는 어렵다. 도입부에는 무엇보다도 저술의 대상과 목적에 관한 규정이 포함되어야 한다. 일차적으로 운명의 문제를 탐구 대상으로 지정해야 하고, 이러한 지정의 의도와 목표도 철학사

적 맥락에서 제시할 필요가 있다. 나아가 논의의 핵심 개념인 'fatum'에 대한, 「부록」 '단편 3'에서 제시하는 것과 같은 엄밀한 정의가 필요하고 〔만약 운명에 대한 정의를 여기서 제시하지 않았다면 아마도 '누락 2'에서 제시했을 것이다. M. Schallenberg(2008), p. 95〕, 그리스 문학과 철학이 인간과 자연에서 작동하는 운명을 주제적으로 취급하며 주목했던 '모이라(moira)'와 '헤이마르메네(heimarmenē)' 등의 개념으로부터 'fatum' 개념이 파생되고 정착되는 과정에 대한 분석도 필요하다. 이에 대해서는 H. Weidemann(2019), pp. 10~11 참조. 만약 키케로가 맨 처음에 저술 대상과 목표에 대한 철학사적 정당화와 저술 대상이 되는 용어에 대한 개념사적 해명(이에 대한 논의 부분을 '누락 a'라고 하자)을 제시했다면 '누락 a'와 1절 첫 부분("왜냐하면 그것은…") 사이에는 약간의 비약이 존재한다. 왜냐하면 1a절에서 키케로는 운명의 문제가 윤리학, 논리학과 관계있다는 것을 함축적으로 지적하는데, 이때 자연학에 대해서는 아무 언급도 하지 않기 때문이다〔R. W. Sharples(1991), p. 159〕. 사실 스토아학파에서 운명의 문제는 원칙적으로 자연학의 주제. 그렇다면 '누락 a'와 1절 첫 부분 사이에 운명의 문제에 접근하는 자연학적 관점에 대한 기본적 언급이 있어야 한다. 이 때문에 필립슨은 1절 직전에 운명의 문제가 자연학에 속한다는 언급이 있었을 것으로 추정하고, '누락 a'와 1절 사이에 다음과 같은 내용을 보완한다〔R. Philippson(1934), p. 1032〕. "운명의 개념은 철학의 모든 분야에 관계됩니다. 왜냐하면 모든 것이 운명에 의해 발생하는지를 탐구하는 것은 자연학자들의 일이기 때문입니다. 게다가 사람들은 … 우리의 의지가 자유로운지 의심합니다. 이것은 분명 윤리학적(ēthikē) 질문입니다." 필립슨의 이 제안은 『운명론』의 전체 구도를 이해하는 데 매우 유익하다. 왜냐하면 누락 부분이 그렇게 보완될 때, 『운명론』의 전체적 구성이 처음부터 키케로에 의해 치밀하게 설계되었음이 분명히 드러나기 때문이다. 즉 키케로는 '누락 a'와 1절에서 운명의 문제가 자연학과 논리학과 윤리학이라는 철학의 세 영역에 속하는 주제임을 밝힌 후, 5~11절에서는 운명의 문제를 자연학의 측면에서, 11~38절에서는 논리학의 측면에서, 39~45절에서는 윤리학의 측면에서 각각 고찰한다는 것이다. 이에 대해서는 M. Schallenberg(2008), p. 81 참조. H. Weidemann(2019), pp. 19~20과 비교. 나는 '누락 1'에 '누락 a'와 필립슨이 보완한 내용이 있다는 것을 가정하고 1절을 번역했다.

2 필립슨의 제안을 받아들인다면 '그것'은 운명과 관계있는 철학적 탐구의 세 영역 중 하나인 윤리학이다.

3 악스는 "quia pertinet ad mores, quod ἦθος illi vocant, nos eam partem…"으로 읽었는데, 필립슨의 제안을 고려해 나는 H. Weidemann(2019)의 편집본에 따라 "quia pertinet ad mores, quod ἦθος illi vocant. nos eam partem…"으로 읽었다.

4 그리스 철학자들이 윤리학을 '성격과 관련된 것들'이라는 의미의 'ēthika'로 부른 것처럼 로마의 철학자들도 윤리학을 '성격과 관련된 것들'을 의미하는 'de moribus'로 불렀다.

5 키케로는 그리스의 정신적 보고를 로마인들에게 전달하는 것을 넘어 로마화하는 것을 학문적 이상으로 삼았다(키케로 지음, 양호영 옮김(2021), pp. 228~229 참조). 이를 위해 그는 그리스어 개념을 라틴어로 번역하고 새로운 용어들도 만들어 내야 했다(마리온 기벨 지음, 박종대 옮김(2000), p. 49). 이 구절에서도 라틴어를 철학에 적합한 언어로 성장시키고 발전시킴으로써 그리스 철학을 로마의 언어와 문화로 재창출하고 그리스와 로마의 정신적 융합을 이루려는 키케로의 의도가 확인된다(마리온 기벨 지음, 박종대 옮김(2000), p. 49, p. 60).

6 키케로 당시까지 'ēthikos'의 중성 복수 형태인 'ēthika'에 상응하는 라틴어 단어가 없었다. 이 때문에 'ēthika'는 통상 'de moribus'라는 전치사구로 번역되었지만, 키케로는 '성격'을 뜻하는 'mos'의 복수형인 'mores'로부터, 'de moribus'와 마찬가지로 '성격(mores)과 관련된'을 뜻하는 하나의 독립된 형용사 'moralis'를 새로 만들어 그리스인들이 'ēthika'로 부른 철학적 탐구 분야를 'moralis(pars)'(성격과 관련된 것들을 탐구하는 분야)

로 부르기 시작했다. 이때부터 자연학, 논리학, 윤리학이라는 철학의
세 분야(pars)는 각각 'naturalis', 'rationalis', 'moralis'로 지칭되었다. 오늘
날 윤리학은 'ethics'나 'morals'로 불리는데, 둘 다 '성격'을 뜻하는 그리
스어 'ēthos'와 라틴어 'mos'로부터 파생된 것이다.

7   키케로는 점술과 신적 존재와 종교에 대한 인간들의 믿음을 비판적으
로 성찰하는 세 철학적 대화편, 즉 『신들의 본성에 관해』, 『점술에 관
해』, 『운명론』을 일종의 3부작으로 계획했으며, 『운명론』은 그 마지막
작품이다(『점술에 관해』 2권 3, 7절 참조).

8   "누구나"는 저술 속 논변을 읽고 그것들 가운데 무엇이 '가장 개연적
(maxime probabile)'인지를 스스로 판단하는 '독자'를 가리킨다. 독자의
보다 용이한 판단을 위해 키케로는 연설자들이 주어진 논제에 대해 찬
성하는 논변뿐만 아니라 반대하는 논변을, 두 논변이 서로 균형을 이룰
때까지 '계속' 펼치는 토론 형식("연속적 연설")을 사용한다. 『신들의 본
성에 관해』와 『점술에 관해』에는 상반된 입장의 토론자가 각자의 관점
에서 찬성 논변과 반대 논변을 연속적으로 펼치는 연설의 형식이 적용
되었고, 『운명론』에는 주어진 논제에 대해 반박 논변을 펼치는 일방적
연설의 형식이 적용되었다. 자세한 것은 「작품 안내」 참조.

9   "운명에 관한 이 논의에서는(in hac disputatione de fato)." 주요 필사본
인 A, V, B에는 처음에 이 책의 제목('de fato')이 없었다(W. Ax(1938),
130b: "Inscriptionem primitus numllam habuerunt A V B"). 이 책의 제
목은 키케로의 이 언급에서, 그리고 『신들의 본성에 관해』 3권 19절과
『점술에 관해』 2권 3절에서 확인된다. 제목을 확인할 수 있는 기타 전거
에 대해서는 M. Schallenberg(2008), p. 2, 각주 9 참조.

10   이에 대해서는 「작품 안내」 참조.

11   푸테올리는 나폴리 서쪽 해안에 위치한 휴양 도시로, 오늘날에는 포추
올리(Pozzuoli)라 불리는 곳이다. 투스쿨룸에도 키케로의 별장이 있었
다. 그에게 별장(villa)은 단순히 로마의 치열한 관직 생활에서 벗어나
휴양을 즐기는 장소가 아니라, 학문과 저술 활동을 하는 '정신의 섬'이

었다〔마리온 기벨 지음, 박종대 옮김(2000), p. 41〕.

12 히르티우스(Aulus Hirtius, 기원전 약 90년~기원전 43년)는 로마의 정치
인이자 군인으로, 카이사르와 함께 갈리아 전쟁에 참여했다. 카이사르
는 생전에 그의 충복인 히르티우스를 판사(Gaius Vibius Pansa)와 함께
기원전 43년부로 집정관직에 임명하는 것을 결정했다. 카이사르는 기
원전 44년에 암살되었고, 원로원은 카이사르의 결정을 추인하고 기원
전 43년 1월 1일부로 히르티우스를 집정관직에 임명했다.

13 직역하면 '지금 내가 훈련하는 것은 저〔연설〕능력을 감소시키지 않고
오히려 증대시키네'다. 다음 문장에서 언급하는 철학과 연설술의 밀접
한 관계를 고려하면 '내가 훈련하는 것'이 키케로가 추종하고 그의 연
설 능력을 증대시키는 데 이바지할 수 있는 철학 부류의 학문이라는
것을 알 수 있다. 키케로는 오전에는 연설 훈련을 하고 오후에는 아
카데미아로 가서 철학적 토론을 훈련했다고 말할 정도로 철학과 연설
술의 밀접한 연관성을 강조했고(『투스쿨룸 대화』 2권 9절 참조), 철학과
연설술의 분리를 바람직하지 못한 것으로 여겼다(『연설가론』 3권 55절
이하 참조).

14 공직에서 물러난 지 얼마 되지 않은 기원전 45년에 다시 철학적 활동
을 재개하게 된 상황을 말한다.

15 '로마인'은, 운명과 같은 매우 난해한 철학적 문제를 다루는 데 '그리스
인'처럼 능숙하지 못하고 서툰 사람을 가리키는 것으로 보인다(R. W.
Sharples(1991), p. 161 참조). 철학적 탐구를 대하는 키케로의 겸손한
태도가 엿보인다.

16 두 번째 누락 부분, 즉 '누락 2'다. 히르티우스는 키케로에게 연설의
시작을 요청하지만 도입부에서 자신의 논제가 구체적으로 무엇인지
를 언급하지 않기 때문에 '누락 2'의 전반부는 도입부의 마지막 부분이
었을 것이다. 히르티우스는 아마도 키케로가 반대 연설을 해야 할 논
제로 '모든 것은 운명에 의해 일어난다'는, 크뤼시포스를 위시한 스토
아 철학자들의 견해를 제시했을 것이다. '누락 2'의 후반부는 키케로의

첫 번째 연설 시삭 부분일 것이다. 키케로는 히르티우스의 제안을 받아들이고, 이 후반부에서 스토아 철학자들이 견지하는 운명론의 이론적 요지를, 특히 그들이 운명론을 뒷받침하는 근거로서 사용한 다양한 사례를 제시했을 것이다. 5절을 시작하면서 키케로는 포세이도니오스가 운명론적 입장을 정당화하기 위해 사용한 사례들을 이미 알려진 것으로 전제하고 열거하는데, 이는 그 사례들에 대해 '누락 2'의 후반부에서 상세하게 설명했음을 시사한다(M. Schallenberg(2008), p. 97 참조). 그 밖에도 운명론을 지지하는 근거로 사용된 점술과 점성술에 대한 스토아 철학자들, 특히 포세이도니오스의 견해(「부록」 '단편 4' 참조)도 개진됐을 것으로 추정된다(R. W. Sharples(1991), p. 18 참조). 그리고 40절의 "연설의 첫 부분에서(prima oratione)"라는 문구는 '누락 2'에서 전개부를 시작하며 스토아학파의 운명론을 개괄적으로 설명할 때 키케로가 운명과 자유의지의 양립 가능성과 관련해 동의 이론이나 원통의 예 등을 이미 언급했음을 보여 준다. 키케로의 『운명론』에는 다섯 개의 단편이 포함되어 있는데, 일반적으로 책의 끝에 부록으로 수록한다. 이에 이 책에서도 마지막 부분에 부록으로 실었다. 샤플스는 다섯 개 단편 모두 '누락 2'에 속하는 것으로 보고 4절과 5절 사이에 실었고 '단편 5', '단편 1', '단편 2', '단편 3', '단편 4' 순으로 배치했다(R. W. Sharples(1991), p. 19 참조). 악스의 편집본에는 네 개의 단편만이 수록되고 있고 '단편 5'는 빠져 있지만, 나는 「부록」에 '단편 5'도 추가했다.

17   포세이도니오스(Poseidonios, 기원전 약 135년~기원전 약 51년)는 시리아의 아파메이아 출신으로, 중기 스토아학파 철학자인 파나이티오스(Panaitios, 기원전 약 185년~약 110/109년)의 제자다. 스승을 이어 스토아학파의 이론을 로마 세계로 전파하는 데 큰 역할을 했고, 폼페이우스나 키케로 같은 로마의 유력 인사와도 친분이 있었다. 키케로는 그의 강의를 들은 바 있어(『투스쿨룸 대화』 2권 61절) 그를 '스승'으로 묘사한다(『운명론』 5절). 철학 외에도 지리학, 천문학과 기상학, 수학, 역사

학 등을 광범위하게 연구한 박식가였다. 그의 저술은 현재 남아 있지 않지만 『운명에 관해(*Peri heimarmenēs*)』, 『점술에 관해(*Peri mantikēs*)』 등을 저술한 것으로 알려져 있다.

18 키케로가 여기서 열거한 사례들이 '누락 2'의 후반부에서 상세하게 설명한 것임을 전제하고서 필립슨은 'In his exemplis Posodonii'를 보완해 읽는다[R. Philippson(1934), p. 1034].

19 이 첫째 부류의 사례들은 포세이도니오스가 세계에 자연적 결속이 작용하고 있다는 것의 증거로 제시한 것이다. 포세이도니오스는 이들 사례를 토대로 운명의 존재를 역설하지만, 키케로는 이 사례들이 자연적 결속을 반영하고 있더라도 그것들을 자연 속에서 작용하는 운명의 힘을 뒷받침하는 근거로 사용해서는 안 된다고 주장한다.

20 안티파트로스(Antipatros)는 기원전 2세기에 살았던, 시돈 출신의 그리스 시인이다. 그는 매년 생일날에 열병을 앓았는데, 그 열병으로 인해 그의 생일날에 죽었다고 전해진다[R. W. Sharples(1991), p. 163 참조].

21 동짓날에 출생하는 것은 점성술에서 특별한 의미를 지닌다[R. W. Sharples(1991), p. 163 참조]. 아마도 동짓날에 태어났기 때문에 특정한 병을 앓는다고 사람들은 믿었던 것으로 보인다[H. Weidemann(2019), p. 168 참조].

22 아우구스티누스가 전하는 '단편 4'에 따르면 키케로는 "동시에 아프기 시작해서 같은 때 병세가 더 심해졌다가 같은 때 다시 좋아진 두 형제를 쌍둥이로 믿었"다는 그리스의 의사 히포크라테스의 이야기를 기록했다고 한다. 키케로가 '동시에 병에 걸린 형제들'의 이야기를 히포크라테스에게서 유래하였다고 '누락 2'에서 자세하게 설명했을 것으로 추정할 수 있다. 같은 이야기를 과학적 의사인 히포크라테스와 점성술 신봉자인 포세이도니오스가 서로 다르게 이해하는 방식을 통해 키케로는 체질이 아니라 별의 배치에 따라 인체를 이해하는 스토아 철학의 비과학성과 불합리성을 드러내고자 했을 것이다.

23 당시 의술은 진단과 처방을 목적으로 소변과 손톱에 주목했던 것으로

보이는데, 이 사례의 구체적 내용에 대해서는 '누락 2'에서 언급했을 것이다.

24 키케로는 자연적 결속(naturae contagio)에 관한 포세이도니오스의 이론을 부정하지는 않지만, 그의 이론을 모든 사건이 운명에 의해 정해져 있다는 결정론적 이론으로 해석하는 것은 거부한다〔R. W. Sharples(1991), p. 163〕. '결속'을 의미하는 그리스어 'sympatheia'의 라틴어 번역에 대해서는 G. Luck(1978), p. 155 이하 참조.

25 이 둘째 부류의 사례들은 포세이도니오스가 예언이 전혀 예기치 않은 방식으로 실현되는 경우로 본 사건들이다. 포세이도니오스는 예언의 예기치 않은 실현을 보여 주는 이런 사건들을 근거로 운명의 존재를 주장하지만, 키케로는 그것들의 발생이 예언과 무관하고 단지 우연의 산물에 불과하며 자연적 결속과 운명의 존재를 증명하지 못한다고 주장한다. 바이데만은 키케로가 오늘날 다시 태어난다면 이 네 사례에서 보이는 것을 '운명의 힘'이 아니라 '운명의 장난(die Ironie des Schicksals)'으로 여겼을 것이라고 말한다〔(H. Weidemann(2019), p. 171〕.

26 난파 선원의 이야기는 키케로가 여기서 말하는 것만이 알려져 있다. 그 내용은 다음과 같았으리라 추정한다. 난파된 배에서 가까스로 살아남은 선원이 신탁을 청했고, 물에서 죽을 것이라는 답변을 얻었다. 신탁의 경고를 받고 그는 이후의 항해를 포기했으나 개울에 빠져 죽었다. 결국 그는 신탁이 예언한 운명을 피하지 못했던 것이다〔R. W. Sharples(1991), p. 164〕. "저 난파 선원"이라 칭한 것을 보면 선원에 관한 보다 정확한 이야기는 '누락 2'에서 언급했을 것이다.

27 해적 이카디오스(Ikadios)에게 내려진 예언에 대해서는 포세이도니오스가 언급하지 않는다고 키케로는 말한다. 키케로의 이어지는 설명으로 미루어 보면 이카디오스에게 내려졌을 예언은 동굴에서 바위가 떨어져 이카디오스가 죽거나〔R. W. Sharples(1991), p. 164〕 그의 다리가 부러진다는〔H. Weidemann(2019), p. 170〕 것이다. 이 예언이 예기치 않은 방식으로 실현되는 것과 관련해서 샤플스는 해적이 죽지만 바

다에서 죽지 않고 동굴에서 바위가 떨어져 죽는 것이 놀라운 것이라고 설명하고, 바이데만은 온갖 범죄를 저지른 해적이 벌을 받을 때 다리가 부러지지 않고 바위가 떨어질 때 다리가 부러지는 것이 놀라운 것이라고 설명한다. 키케로의 시각에서 보면 이카디오스에게 어떤 예언이 있었고 예언이 어떻게 실현되었는지에 대한 해석상의 이견은 중요하지 않다. 중요한 것은 포세이도니오스가 직접 언급하지 않은 예언이 있었다는 것이고, 그 예언은 그의 다리에 (그가 죽든 아니면 다리에 부상을 입든) 바위가 떨어진다는 것이며, 이 예언이 예기치 않은 방식으로 실현되는 것은 그 사건이 "자연이나 우연에 의해"(『운명론』 6절) 발생한 것임을 보여 줄 뿐이고, 결국 이카디오스 사례는 운명의 힘과 작용을 입증하는 증거일 수 없다는 것이다.

28 다피타스(Daphitas)는 텔메소스 출신의 소피스트다. 말을 소유한 적도 없었고 잃어버린 적도 없었던 다피타스는 재미로 그가 자신의 말을 다시 찾을 것인지에 관해 아폴론에게 신탁을 청했고, 그가 어떤 말에서 떨어져 목숨을 잃을 것이라는 답변을 받았다. 델포이 신탁의 예언은 사실이 되었다. 집으로 돌아오는 길에 다피타스는 페르가몬의 왕 아탈로스에게 붙잡혔고, 예전에 왕을 조롱한 것에 대한 벌로 '히포스(Hippos, 그리스어로 '말'이라는 뜻)'라는 이름을 가진 바위에서 내던져졌다. 다피타스 이야기의 출전에 대해서는 R. W. Sharples(1991), p. 164 참조.

29 알렉산드로스대왕의 아버지인 마케도니아 왕 필리포스(Philippos)를 말한다. 필리포스는 사두마차를 조심하라는 델포이 신탁의 예언적 경고를 받았는데, 그는 딸의 결혼식에서 칼자루에 사두마차가 새겨져 있는 검으로 살해되었다(H. Weidemann(2019), p. 171).

30 포세이도니오스가 이 선원의 이야기를 활용하고자 했다면 그는 선원의 이름을 알았을 텐데 키케로는 선원을 "이름 없는" 자로 말한다. 이는 스승의 이야기에 대한 키케로의 풍자처럼 보인다(R. W. Sharples(1991), p. 164).

31 모든 일의 발생에 놓인 두 기지 가능성을 말한 것이다. 모든 일은 선행하는 원인에 의해 일어나기 때문에 우연에 의해 발생할 수 없거나, 아니면 순전히 우연에 의해 자연적으로 발생할 수 있다는 것이다. 키케로가 주장하는 것은 앞서 언급된 모든 사례는 자연과 우연에 의해 일어난다는 것이고, 운명의 영향력에 대한 증거가 될 수 없다는 것이다.

32 크뤼시포스(Chrysippos, 기원전 약 280/277년~기원전 약 208/204년)는 소아시아 지역 솔로이 출신으로, 초기 스토아학파 철학자다. 키티온의 제논(Zenon, 기원전 334년~기원전 262년)이 기원전 약 300년경에 아테나이에서 스토아학파를 창설했고, 아소스의 클레안테스(Kleanthēs, 기원전 331년~기원전 230년)가 그의 뒤를 이어 학파를 이끌었으며, 크뤼시포스는 학파의 세 번째 수장이 되었다. 크뤼시포스는 스토아학파의 철학을 자연학, 논리학, 인식론, 윤리학 등을 갖춘 통일적 이론 체계로 완성한 사람으로 평가받고 있다. 그는 운명에 관한 결정론적 견해를 고수했지만, 운명을 인간의 자유의지와 조화시키려는 노력도 함께 경주했다. 그는 스토아학파의 운명론을 『운명에 관해(Peri heimarmenēs)』, 『섭리에 관해(Peri pronoias)』, 『점술에 관해(Peri mantikēs)』 등에서 폭넓게 다루었다〔M. Schallenberg(2008), p. 23〕. 그의 사상은 중기 스토아학파에 속했던 파나이티오스와 포세이도니오스를 통해 키케로에게까지 알려지게 되었다.

33 "크뤼시포스의 덫"을 이미 '누락 2'에서 언급했다는 것을 알 수 있다.

34 지역이나 기후가 사람의 건강이나 삶의 방식에 미치는 영향에 대해서는 히포크라테스 지음, 여인석 · 이기백 옮김(2011), p. 21과 이상인(2006), p. 343 이하 참조.

35 키티온의 제논은 스토아학파의 창시자이고, 아르케실라오스(Arkesilaos, 기원전 316/315년~기원전 241/240년)는 아카데미아 7대 원장으로 아카데미아에 회의주의를 도입해 중기 아카데미아학파를 이끈 철학자이며, 테오프라스토스(Theophrastos, 기원전 약 371년~기원전 약 287년)는 아리스토텔레스의 학문적 동지이자 뤼케이온의 2대 원장으로 페리파

토스학파를 이끌었다. 이들은 헬레니즘 시대의 세 주요 학파를 대표하는 철학자로 언급된다.

36 이스트모스(Isthmos)는 코린토스에 있는 지협으로, 여기서 2년마다 이스트모스 경기가 개최되었다. 네메아(Nemea)는 펠레폰네소스반도 북동쪽에 있는 곳으로, 여기서 2년 또는 3년마다 네메아 경기가 개최되었다. 델포이 경기, 올림피아 경기와 더불어 고대 그리스의 4대 경기에 속한다.

37 기후의 특성으로 인해 머리가 좋은 아테나이인들은 철학에서, 아둔하면서 덩치가 큰 테바이인들은 운동에서 탁월한 능력을 발휘할 수 있지만, 건조한 공기와 습한 공기가 아테나이인들로 하여금 철학을 하게 만들고 테바이인들을 네메아 경기에 참여하게 만드는 진짜 원인은 아니라는 것이다. 이스트모스 경기가 멜리케르테스의 위령제전으로 코린토스의 왕 시쉬포스에서 기원했다는 전설도 있고, 아테나이의 왕 테세우스가 이 위령제전을 확장한 데서 기원했다는 후대의 전설도 있다. 이스트모스 경기는 모든 그리스인들에게 개방되었지만, 특히 아테나이인들에게 가장 큰 인기를 얻었다고 한다. 아마도 키케로는 이 후대의 전설에 근거해 테바이인들이 아테나이인들에게 인기 있었던 이스트모스 경기가 아니라 네메아 경기에서 승부를 겨루는 것으로 말한 듯하다.

38 카이사르는 기원전 44년 3월 보름에 폼페이우스 극장 주랑에서 암살되었다. 카이사르 죽음의 예측 가능성과 운명성에 관한 키케로의 회의적 태도에 대해서는 『점술에 관해』 2권 23절 참조.

39 주어는 크뤼시포스 또는 적어도 크뤼시포스의 지지자다. 키케로의 비판에 대한 크뤼시포스 또는 크뤼시포스류 운명론자의 가상적 반론이다.

40 'causa'는 '논점'과 '원인'을 뜻한다. "논점이 어디에 있는지를"은 '원인이 어디에 있는지를'로 옮길 수도 있다. 원인이 무엇인지도 모르고 반론을 펼치기 때문에 논점을 놓치고 있다는 것을 'causa'의 이중적 의미를 활용해 표현한 것으로 보인다(H. Weidemann(2019), p. 176 참조).

41 "덩치가 큰지 왜소한시가(valentes inbecilline)." 'inbecillus'는 '허약한'을 뜻하는데, 'valentes'의 의미를 고려해 '왜소한'으로 옮겼다.

42 "주도적 원인(principales causae)." 키케로는 최근접적(proxima) 원인과 주도적(principalis) 원인를 구별하는 크뤼시포스의 방식을 41절에서 자세하게 설명한다. 크뤼시포스의 이 구분에 따르면 기후나 장소와 같은 환경적 요인은 인간의 특정한 성격적 성향이나 신체적 특성을 결정하는 자연적 선행 원인이지만, 이것은 단순히 보조적, 최근접적 원인으로서 작용할 뿐 인간의 자발적 선택과 행위까지 '주도적으로' 결정하는 원인으로 작용하는 것은 아니다. 그런데 키케로는 여기서 마치 크뤼시포스가 환경적 요인을 인간의 신체적, 성격적 상태를 넘어 앉거나 걷는 것 같은 인간의 의지적 행위까지 결정하고 규정하는 주도적 원인으로 간주한 것처럼 비판한다(9절의 주도적 원인이 41절의 주도적 원인과는 다른 의미로 사용되고 있다는 견해도 있다. 이에 대해서는 H. Weidemann(2019), p. 176 이하 참조). 이를 크뤼시포스의 원인 구분에 대한 키케로의 단순한 오해나 몰이해로 보기는 어렵다. 오히려 키케로는 운명의 존재를 정초하기 위해 크뤼시포스가 자연의 보편적, 인과적 결속을 일차적으로 전제하는 한 그가 사람들 간의 성격적, 신체적 차이뿐만 아니라 사람들의 자유로운 선택과 행위도 환경적 요인 같은 자연적 선행 원인에 의해 주도적으로 결정되는 것으로 주장해야 한다고 생각했던 것처럼 보인다. 키케로의 이러한 생각 속에는 크뤼시포스가 점술의 예언과 자연적 결속을 받아들이고 자연적 선행 원인으로부터 모든 사건이 운명적으로 발생한다는 것을 주장하는 한 두 종류의 원인에 대한 그의 구분 자체가 불필요하게 된다는 비판 역시 함축적으로 포함된 것으로 보인다.

43 스틸폰(Stilpon, 기원전 약 360년~기원전 약 280년)은 메가라학파에 속하는 그리스 철학자이고, 테오프라스토스와 디오도로스 크로노스의 동시대인이다. 전승된 저서는 없고, 논리학에 많은 관심을 두었다고 한다. 그의 윤리적 사상은 견유학파나 스토아학파의 것과 유사했고, 스토아

학파의 창시자인 키티온의 제논도 그의 추종자 가운데 한 사람이었다.

44 키케로는 사람의 외형을 보고 그의 본성을 알 수 있다고 공언한 조퓌로스가 소크라테스의 결함을 지적한 일화를 『투스쿨룸 대화』 4권 80절에서도 언급했다.

45 알키비아데스(Alkibiades, 기원전 450년~기원전 404년)는 아테나이의 정치가이자 장군이다. 젊은 시절 빼어난 외모로 스승 소크라테스를 유혹하려 했으나, 육체보다 영혼의 보살핌을 강조한 소크라테스는 그의 구애를 뿌리쳤다고 한다.

46 "일종의 기술로서 그것은 과연 어떤 종류의 원칙들에서 출발할까?(qualibusnam a perceptis artis proficiscitur)"를 직역하면 '그것은 기술의 어떤 원칙들에서 출발할까?'다. 마치 의술이나 기하학이 하나의 과학적 기술일 수 있기 위해서 일반적 원칙들에 기초하고 그로부터 출발해야 하듯이, 점술도 그것이 단지 꿈이나 황홀경의 상태에서 이루어지는 비과학적 미신이 아니라 자연적 사건들의 연관성을 합리적으로 판단하는 기술일 수 있기 위해서 일정한 이론적 원칙들에 기초해야 하고 그로부터 출발해야 한다는 것을 드러내기 위해 이렇게 옮겼다.

47 "점성가의 경우(astrologum) … 원칙(percepta) …." 점성술의 이론적 원칙은 과거를 기술하는 전건과 미래를 기술하는 후건이 결합된 형태의 조건문으로 표현된다.

48 디오도로스 크로노스(Diodoros Kronos)는 소아시아의 이아소스 출신으로, 정확한 출생일은 알려져 있지 않고 기원전 284년 무렵에 이집트의 알렉산드리아에서 죽었다고 전해진다. 그는 변증술의 대가로 알려졌고, 특히 그의 논리학은 헬레니즘 시대의 철학에 적지 않은 영향을 주었다. 메가라의 필론과 스토아학파의 창시자 키티온의 제논도 그의 제자다. 그가 메가라학파에 속한 철학자였는지에 대해서는 논란이 있다. 가장 유명한 것은 지금 실제로 있고 앞으로 실제로 있게 될 것만이 가능한 것이라는 것을 증명하기 위해 그가 고안했다고 하는 소위 '지배자 논변(kyrieuōn logos)'이다. 논변의 이 명칭은 디오도로스가

'지배할 가능성을 가신 자가 미래에 지배할 것'이라는 예로 논증을 펼친 데서 유래한 것으로 보인다. 다른 한편 그의 논리학의 강제적 설득력에 누구나 복종해야 한다는 의미에서 지배적 논변으로 명명되었다고 보는 견해도 있다. 이에 관해서는 H. Weidemann(2019), pp. 28~30, 특히 각주 46을 참조하라. 이 논변은 결정론과 관련해 헬레니즘 시대에 이루어진 논쟁의 중심에 있었다. 구체적 내용은 후기 스토아학파의 노예 철학자 에픽테토스(Epiktetos, 기원후 약 55년~약 135년)에 의해 전해지는데, 논변은 다음의 세 명제로 이루어졌다. 1) 과거의 모든 참된 것은 필연적이다. 2) 가능한 것으로부터 불가능한 것은 결코 따라 나오지 않는다. 3) 현재 참이지 않고 미래에 참이지 않은 것이 가능한 것이다. 에픽테토스에 따르면 클레안테스는 1)을, 크뤼시포스는 2)를 거부했던 반면, 디오도로스는 1)과 2)를 수용하고 그와 양립할 수 없는 3)을 거부함으로써 현재와 미래에 참인 것이 가능한 것임을 논증했다.

49 크뤼시포스에게 조건문의 참은 후건의 부정이 전건과 양립 불가능할 때, 즉 하나가 참이고 다른 것이 동시에 참일 수 없을 때 성립한다.

50 "거짓된 예언(quod falsum dicitur in futuro)"이란 가령 '파비우스는 바다에서 죽을 것이다'와 같은, 일어나지 않을 일에 대한 예언을 말한다.

51 디오도로스가 지배자 논변을 통해 논증하고자 한 것이 바로 이것이다.

52 자연의 모든 일을 운명의 영향력에 종속시키는 스토아학파의 철학자라면 일어나지 않을 일은 그것이 거짓이고 결코 참이 될 수 없으므로 일어날 가능성이 없다는 견해를 견지하는 것이 일관적이지만, 크뤼시포스는 오히려 미래에 일어나지 않더라도 일어날 가능성을 가진 일이 있다고 주장한다는 것이다.

53 큅셀로스(Kypselus, 기원전 670년 이전~기원전 627년)는 민중의 지지를 바탕으로 기원전 657년 쿠데타를 통해 바키아다이 가문을 축출하고 참주정을 수립했다. 그가 죽은 후에는 아들인 페리안드로스가 권력을 물려받았다. 두 참주의 치세 아래 코린토스는 번영을 누렸다. 큅셀로스는 그리스의 4대 경기 중 하나인 이스트모스 경기를 창시하기도 했

다. 그는 바키아다이 가문의 어머니 라브다와 이주민 출신 아버지 에에티온 사이에서 태어났다. 권력 유지를 위해 이 가문은 자기들끼리 결혼했지만, 라브다가 절름발이여서 외부인인 에에티온과 결혼시켰다. 결혼 후 아이가 없자 에에티온은 델포이의 아폴론에게 신탁을 청했는데, 그의 아들이 코린토스의 독재자가 된다는 답을 받았다. 바키아다이 가문에서는 라브다가 아이를 낳자마자 죽이려고 했으나, 라브다가 상자에 숨겨 놓음으로써 큅셀로스는 살아남아 후에 코린토스 최초의 참주가 될 수 있었다.

54 신탁과 관련된 일이 기원전 7세기의 일이므로 기원전 1세기에 활동했던 키케로는 600여 년 전이라 말해야 했지만 여기서는 대충 이렇게 말한 것 같다.

55 '보석' 이야기는 일어나지 않을 일도 일어날 가능성이 있다는 것의, 그리고 '큅셀로스' 이야기는 일어날 일도 일어날 필연성이 없다는 것의 사례다. 큅셀로스의 통치는 키케로의 시점에서 볼 때 큅셀로스가 과거에 실제로 통치했기 때문에 필연적으로 일어날 일이었지만, 큅셀로스의 실제 통치 이전 시점에서 볼 때는 필연적으로 일어날 일은 아니었다는 것이다.

56 "당신이 점술의 저 예언을 받아들인다면(si ista conprobabis divina praedicta)"은 '점술의 저 예언을 자연의 모든 사건이 운명에 의해 인과적으로 결정되어 있다는 당신의 견해를 정당화하는 근거로 받아들인다면'을 의미한다.

57 스키피오 아이밀리아누스(Scipio Aemilianus) 또는 소(小)스키피오로 불린 푸블리우스 코르넬리우스 스키피오 아프리카누스 아이밀리아누스(Publius Cornelius Scipio Africanus Aemilianus, 기원전 185년~기원전 129년)를 가리킨다. 대(大)스키피오로 불린 푸블리우스 코르넬리우스 스키피오 아프리카누스(기원전 235년~기원전 183년)의 손자다. 대스키피오의 장남이 양아들로 입양해 당시 로마 최고의 명문가인 스키피오 가문의 일원이 되었다. 제3차 포에니 전쟁(기원전 149년~기원전 146년)에서 카

르타고를 정복하고 로마에 승리를 가져왔다.

58 "점령하지 못할 것이라는(non potiturum)." 아프리카누스는 기원전 146년에 카르타고를 점령했다. 아프리카누스가 점령하지 못할 것이라는 점을 거짓된 예언의 사례로 간주해 악스는 'non'을 추가해서 읽었다.

59 점술에 근거해 인과적 결정론 형태의 운명론을 정당화하는 한 크뤼시포스는 미래에 관해 거짓으로 진술하는 것을 일어날 가능성이 없는 사건의 부류에 속하는 것으로 간주해야 한다는 것이다.

60 일어나는 모든 일이 운명에 의해 인과적으로 미리 결정되어 있다고 주장하는 스토아 철학자들을 가리킨다.

61 일어날 일은 일어날 필연성이 있고 일어나지 않을 일은 일어날 가능성이 없다는 디오도로스의 양상 이론을 비판하면서 크뤼시포스는 일어날 일은 일어날 필연성이 없고 일어나지 않을 일도 일어날 가능성은 있다고 주장한다. 하지만 전형적 스토아주의자인 크뤼시포스가 점술의 예언을 운명론의 근거로 받아들이는 한(12절) 그는 일어날 일에 대한 참된 예언의 필연성과 일어나지 않을 일에 대한 거짓 예언의 불가능성을 주장해야만 한다. 하지만 이렇게 주장하는 것은 그가 직접적으로 논박하고자 했던 디오도로스의 견해에 동의하는 것이고, 그 자신의 양상 이론을 스스로 부정하는 것이다.

62 아소스의 클레안테스(Kleanthēs, 기원전 약 330년~기원전 약 230년)는 스토아학파의 창시자인 키티온의 제논에 이어 32년 동안 2대 수장으로서 학파를 이끌었다. 제논의 이론을 충실히 계승했고, 유물론과 범신론을 중심으로 스토아학파의 자연학을 발전시켰다. 그의 제자이자 3대 수장인 크뤼시포스에 이르러 스토아학파의 철학이 이론적으로 체계화되었다.

63 과거의 모든 참된 것은 필연적이라는 디오도로스의 첫 번째 전제를 클레안테스는 거부하고 크뤼시포스는 수용한다. 바이데만은 디오도로스가 이 전제를 거부한 이유를 자연 속에서 발생하는 모든 것은 회귀한다는 스토아학파의 사상에서 찾는다(H. Weidemann(2019), p. 204).

모든 것이 영원히 회귀한다면 과거사는 항상 미래사로서 회귀하고, 결국 미래사가 필연적이지 않은 것처럼 과거사도 필연적이지 않다는 것이다.

64 앞서 말했듯이(주석 48 참조) 클레안테스는 과거의 모든 참된 사건은 필연적이라는 지배자 논변의 첫째 명제를 거부하는 반면, 크뤼시포스는 과거에 일어난 모든 일은 그 진릿값이 절대 변경되지 않으므로 필연적이라고 주장한다. 그럼으로써 크뤼시포스는 디오도로스의 첫째 명제를 수용하고, 클레안테스와 달리 참된 조건문의 전건은 가능할 수 있고 후건은 그런데도 불가능할 수 있다고 주장함으로써 불가능한 것이 가능한 것으로부터 따라 나오지 않는다는 디오도로스의 둘째 명제를 거부한다.

65 조건문의 전건과 후건에서 언급되는, 과거에 일어난 것과 미래에 일어날 것 모두 필연적이라는 주장을 말한다. "이것"을 과거의 모든 참된 것은 필연적이라는 디오도로스의 첫 번째 전제로 보는 샬렌베르크와 비교해 보라(M. Schallenberg(2008), p. 139].

66 크뤼시포스는 과거사의 필연성에서 미래사의 필연성을 도출하는 것이 모든 경우에 적용된다고 생각하지 않았다는 것이다. 키케로는 미래에 일어날 일도 일어날 필연성은 없다는 크뤼시포스의 양상논리학적 주장을 염두에 두고 있는 것처럼 보인다. 크뤼시포스는 양상논리학적 관점에서 미래에 일어날 일도 필연적이지 않다고 주장하지만, 사실 그가 점술의 예언과 자연의 결속을 받아들이고 운명을 이처럼 자연학적으로 정초한다면 그는 미래의 사건(가령 '바다에서 죽지 않을 것')을 필연적인 것으로 간주해야 하고, 동시에 그것이 필연적인 한 그것의 부정(즉 '바다에서 죽을 것')을 불가능한 것으로 간주해야 한다. 키케로가 다음 문장("그런데도 파비우스가 바다에서 죽지 않을 자연적 원인이 있다면 파비우스는 바다에서 죽을 수 없네")에서 말하고자 하는 것이 바로 이것이다.

67 스토아학파에 따르면, 자연 속에 발생하는 모든 부분 사건은 하나로

묶이고 연결된 전제다. 따라서 하나이자 전체인 자연 속에는 파비우스
가 바다에서 죽지 않을 사건도 있고, 그것의 발생에 앞서 그것을 직접
일으키는 원인이 되는 사건도 있으며, 이것들은 인과적으로 결속되어
있다. "자연적 원인(naturalis causa)"은 '자연 속에 존재하는, 파비우스가
바다에서 죽지 않을 사건에 선행하는, 파비우스를 바다에서 죽지 않게
만드는 원인'을 가리킨다.

68 "칼다이아인들(Chaldaei)." 'Chaldaei'는 천문학과 점성술에 탁월했던
'칼다이아(Chaldaia) 사람들'을 말하며, 후대에는 '점성가들'(astrologi)의
대명사로 사용되었다(『점술에 관해』 1권 2절 참조). 이들은 별자리마다
특정한 힘이 있다고 생각하고 별자리를 보고서 인간의 운명과 미래를
예언할 수 있다고 믿었다. 칼다이아 점성술에 대한 키케로의 비판에
대해서는 『점술에 관해』 2권 85~89절을 참조하라.

69 키케로는 크뤼시포스가 점술의 예언을 수용한다면 거짓 예언, 즉 일어
나지 않을 일에 대한 예언이 불가능하다는 주장을 수용해야 한다고 말
한다(13절). 하지만 이것은 일어나지 않을 일도 가능하다는 그의 주장
과 상충한다. 따라서 키케로는 크뤼시포스가 자신의 난처한 상황을 벗
어나기 위해 점술가들의 예언이 틀리기를 바란다고 말한다. 만약 크뤼
시포스의 희망대로 그들의 예언이 거짓일 수 있다면 크뤼시포스는 일
어나지 않을 일도 가능하다는 자신의 견해를 일관되게 유지할 수 있기
때문이다.

70 13절에서 언급했듯이 크뤼시포스가 점술의 예언을 수용한다면 그는
참된 예언과 그 예언대로 일어날 일이 필연적이라는 것을 수용해야 할
것이다. 하지만 이것은 일어날 일도 일어날 필연성을 갖지 않는다는
그의 논리학적 주장과 상충한다. 키케로에 따르면 크뤼시포스는 이 충
돌을 피하고자 점성술의 원칙을 'p이면, q이다(p→q)'라는 조건문 형식
이 아니라 'p이면서 q가 아닌 것은 아니다(~(p∧~q))'라는 연언 부정
(否定)의 형식으로 표현하기를 제안한다. 즉 조건문에서는 전건의 필
연성으로부터 후건의 필연성이 인과적으로 추론되는 반면("따라서 조

건문의 전건이 필연적이라면 결과절에 해당하는 후건도 필연적이 되지"),
연언문에서는 전건과 후건 간의 인과적 관계 자체가 진술되지 않기 때
문에 조건문에서처럼 과거사의 필연성으로부터 미래사의 필연성은 추
론될 수 없고, 결과적으로 미래에 일어날 일은 필연성을 갖지 않는다
는 크뤼시포스 양상논리학의 주장은 구제될 수 있다는 것이다. 물론
크뤼시포스의 이런 자구책을 키케로는 억지에 가까운 자의적 강변으
로 여긴다.

71 "더 어려운 일(maius)"의 본뜻은 '더 큰일'이다. '별자리의 출몰'보다 '이
비틀어진 언어형식'을 외우는 것이 '더 큰일'이라는 것은, 진술 간의 논
리적 관계를 비틀어 만든 언어형식(oratio)을 외우는 일이 칼다이아인
들에게는 전자를 외우는 일보다 더 큰 노력과 더 많은 힘이나 시간이
필요한 일이라는 것을 의미한다는 점에서 "더 어려운 일"로 옮겼다.

72 키케로는 17~19절에서 디오도로스의 견해 가운데 특히 예언적 진술
의 참과 불변성이 예언된 사건의 필연적 발생을 논리적으로 함축한다
는 점을 강조하면서 궁극적으로는 운명의 자연적, 인과적 필연성까지
증명하는 것은 아님을 지적한다.

73 이미 13절에서 언급한 것으로, 지배자 논변을 통해 디오도로스가 증명
하고자 한 것이다. 바이데만은 풀어서 '이미 실제로 일어나고 언젠가
실제로 일어날 일만이 일어날 수 있다'로 옮긴다(H. Weidemann(2019),
p. 107).

74 이것은 우리가 미래에 일어날 일에 아무런 영향력도 행사할 수 없다는
것을 함축하지는 않는다. 키케로는 인과적 결정론의 맥락에서 벗어나
단지 'che sarà, sarà', 즉 일어날 일은 어쨌든 일어날 것이라는 사실만
을 지적한다(R. W. Sharples(1991), p. 171). 즉 어떤 일이 일어날 일이
라면 그것은 확실히 일어날 것이지만, 그것이 일어날 것인지 아닌지는
인간의 선택이나 우연에 달려 있고, 따라서 어떤 일이 발생할 것이라
는 사실은 미래 어느 시점에서 그것의 발생이 지금 미리 결정되어 있
다는 것까지 의미할 필요는 없다는 것이다.

75 즉, 병이 그렇게 치명석일지 분명하지 않음에도 불구하고.

76 디오도로스에 따르면 예언의 참은 질병의 치명성이 분명하지 않은 경우에도 필연적으로 그것의 발생을 포함한다. 이에 반해 키케로는 19절에서 비록 그렇더라도 이런 종류의 필연성이 그것의 운명에 의한 자연적, 인과적 발생까지 포함하지 않음을 지적한다.

77 스키피오 아이밀리아누스(Scipio Aemilianus)를 가리킨다. 키케로는 『국가론』에서 기원전 149년경에 아프리카 원정을 떠났을 때 그가 꾼 꿈에 대해 언급한다(4권 12~31절). 스키피오는 기원전 129년에 침대에서 죽은 채 발견되었는데, 그의 죽음이 자연사인지 타살인지에 대해서는 논란이 있다. 『국가론』에서 키케로는 정치적인 이유로 그가 독살되었다고 생각한 것 같고, 『연설가론』에서는 자신의 견해를 밝히지 않은 채 스키피오의 죽음을 암살로 보는 견해의 의심스러운 점을 지적하기도 한다(2권 170절). 자세한 것은 R. W. Sharples(1991), p. 172 참조.

78 일어날 일은 그것이 일어날 일이기 때문에 어쨌든 일어날 것이라는 디오도로스의 견해 아래에서는 '스키피오는 죽을 것이다'와 '스키피오는 그런 식으로 죽을 것이다' 간에 실질적 차이는 없다는 것이다. 스키피오의 죽음이든 그의 특정한 방식의 죽음이든 모두 (어떤 자연적이고 운명적인 원인에 의해 일어날 일이라는 의미에서가 아니라) 어쨌든 일어날 일이라는 의미에서 필연적이고 불가피하기 때문이다.

79 "에피쿠로스가 운명을 끔찍이 두려워해 … 이유는 결코 없네." 키케로는 운명에 의한 모든 일의 필연적 발생을 거부하는 에피쿠로스의 입장을 여기서는(18절) 원자의 이탈 및 원인 없는 운동의 가정과 결부시켜 설명하고, 19~20a절에서는 '이가 원리'에 대한 거부로부터 귀결되는 미래의 우연적 사건의 참에 대한 부정과 결부시켜 설명한다. 그리고 20b절부터 '이가 원리'와 경로 이탈에 대해 세부적으로 논의한다.

80 원자의 경로 이탈은 전통적 원자론에 속하는 일반적 규칙의 한 예외이고, 원인 없이 발생한다는 의미에서 '무로부터 발생하는' 사건의 한 경우다(R. W. Sharples(1991), p. 172).

81 "원자(individua)"의 그리스어 'atoma'를 키케로는 '나누어질 수 없는 것(불가분자)'이라는 원의에 맞게 'individua'로 옮긴다. 그 외에도 'individua corpora'와 'atomus'라는 용어를 사용하기도 한다(『운명론』 22절 참조).

82 "이탈한다는(declinare)"을 다르게 번역하는 여러 방식에 대해서는 이준엽(2016), p. 118, 주석 9 참조.

83 앞 문단의 "에피쿠로스가 운명을 끔찍이 두려워해 원자들에게 도움을 구하고 원자들을 그 경로에서 벗어나게 하며 입증될 수 없는 두 주장을 동시에 받아들일 이유는 결코 없네"에 대한 근거를 구체적으로 설명한다.

84 키케로는 에피쿠로스가 스토아 철학자들처럼, 그리고 카르네아데스와는 달리 모든 것이 운명에 의해 결정되어 있을 때만 미래 시점 진술은 참이나 거짓일 수 있다고 믿었고, 모든 진술 중 미래 시점 진술은 참도 거짓도 아니라고 주장했으며, 결국 모든 진술이 참이거나 거짓이라는, 즉 진술의 진릿값이 참이나 거짓의 두 값만을 갖는다는 '이가 원리(Bivalenzprinzip)'의 보편적 적용 가능성을 인정하지 않았다는 점을 지적한다. 이에 대해서는 R. W. Sharples(1991), p. 173 참조.

85 "카르네아데스가 아카데미아로 내려가고 있다(decendit)." 카르네아데스가 아카데미아학파를 이끌었던 철학자인 점을 고려하면 이 사건을 우연히 발생하는 일의 사례로 보기는 어렵다. 샤플스가 지적하는 것처럼 '특정한 시간에 그가 거기에 간다거나 다른 어떤 사람이 갔을 때 그가 동시에 거기에 간다는 것'이 더 자연스러운 예를 제공한다(R. W. Sharples(1991), p. 173 참조). 바이데만은 키케로가 여기서 제시하는 것이 미래 시점 진술의 사례인 점에서 'decendit'로 읽지 않고 'decendet'로 읽으며, '카르네아데스가 아카데미아로 내려갈 것이다'라고 번역한다(H. Weidemann(2019), p. 223).

86 "우연히 선행하는 원인(fortuito antegressae causae)과 자체 내에 〔어떤 사건을 필연적으로 발생시킬〕 자연적 영향력(efficientia naturalis)을 포함하

는 원인." 두 종류의 원인 간의 사이에 대해서는 『운명론』 34절, 36절, 41절, 44절 참조.

87 에피쿠로스(Epikouros, 기원전 341년~기원전 270년)는 그리스 사모스섬에서 태어났고 아테나이에서 죽었다.

88 집정관(archōn)은 그리스 도시 국가의 최고 관직이고, 민주정 시대까지 이어졌다. 로마의 집정관(consul)과는 다르다. 아테나이 헌법에 따라 집정관은 축제를 조직하는 일도 담당했다. 경연에 참여하려는 시인이 집정관에게 합창대의 훈련이나 장비 마련을 위한 비용을 요청하면 집정관은 재력 있는 시민 중에서 '코로스 후원자(chorēgos)'를 선정하고 공적으로 임명해 그 비용을 충당하게 했다. 아리스토텔레스, 『시학』, 이상인 옮김, pp. 92~93 참조.

89 어떤 예언이 참이거나 참이었다는 것은 예언된 사건이 운명적 원인으로부터 발생할 수밖에 없거나 없었다는 것이 아니라, 단지 일어나거나 일어났던 것을 예언하거나 예언했다는 것을 말할 뿐이라는 것이다〔R. W. Sharples(1991), p. 173 참조〕.

90 "원인들의 영구적 연쇄"는 '운명'에 대한 스토아학파의 일반적 정의다. 「부록」의 '단편 2' 참조.

91 키케로는 미래 시점 진술의 참과 거짓을 포괄적으로 다루는 상황에서 경로 이탈을 통해 원인 없이 이루어지는 운동에 관한 에피쿠로스의 주장으로 넘어간다.

92 "변증가들이 '악시오마(axiōma)'라고 부르는 모든 진술이 참이거나 거짓이라 말할 수 없다(non omnis enuntiatio, quod ἀξίωμα dialectici appellant, aut vera aut falsa erit)"를 직역하면 "변증가들이 '악시오마'라고 부르는 모든 진술이 참이거나 거짓이지 않을 것이다"인데, 'non'은 이후 문장 전체를 부정하고 미래 시제를 나타내는 'erit'은 가능성의 의미를 함축한다는 점에서 이렇게 옮겼다.

93 모든 일의 운명에 의한 필연적 발생을 주장하는 크뤼시포스의 논변은 기본적으로 모든 진술은 참이거나 거짓이라는 가정과 일어나는 모든 일

은 선행하는 원인을 통해 일어난다는 가정에 근거해 있다. 크뤼시포스에 대한 키케로의 철학적 도전은 이 두 가정을 중심으로 이루어진다.

94 "한 방(plaga)"은 '타격(blow)', '충격(shock)'을 의미하지만, 여기서는 우리말의 자연스러운 이해를 위해 모든 진술이 참이거나 거짓이라는 것을 부정하는 에피쿠로스가 스토아학파의 인과적 운명론에 먹인 '한 방'으로 옮겼다.

95 "저 견해(illa sententia)"는 스토아학파의 인과적 운명론을 부정하는 동시에 미래 시점의 진술이 참이거나 거짓이라는 것을 부정하는 에피쿠로스의 견해이고, "이것"은 스토아학파가 견지하는 운명론적 견해다. 논의 전략상 키케로는 스토아학파보다는 에피쿠로스 측에 기울어져 있지만, 이는 그가 에피쿠로스의 견해에 전적으로 동의한다는 것을 의미하지는 않는다. 그는 에피쿠로스처럼 스토아학파의 '인과성 원리(Kausalitätsprinzip)'를 거부하면서도 에피쿠로스와 달리 이가 원리를 수용한다. 이런 측면에서 샤플스는 "키케로가 주로 반대해 온 에피쿠로스 입장의 그 측면, 즉 보편적 미래 진리의 부정에 대한 키케로의 가장된 수용은 스토아학파의 인과적 결정론에 대한 그의 반대를 더 강력하게 만드는 수사적 효과를 가지고 있다"라고 말한다(R. W. Sharples(1991), p. 174).

96 에피쿠로스는 인과적 결정론에 빠질 것을 두려워해 이가 원리를 거부할 수밖에 없었다는 것이다. 크뤼시포스는 그의 보편적 운명론을 지키기 위해 그것의 이론적 토대가 되는 이가 원리를 변호하는 데 전력투구할 수밖에 없었다.

97 어떤 사태에 대한 긍정과 부정을 나타내는 두 형태의 진술.

98 "원자의(atomi)." 키케로는 '원자'를 그리스어 'ἄτομος'를 음차해 'atomus'로 표기하기도 한다.

99 "최소 간격(intervallum minimum)"이란 공간적 크기의 불가분적 최소 단위를 말한다. 운동 최초 시점에서 원자의 '최소 이탈'은 원자 간 충돌을 설명하기 위해 이성에 의해 요청되는 이론적 가설이고, 원자가

최소 간격만큼 옆으로 밀려난다는 것은 감각 경험에 의해 관찰되거나 반박되지 않는다.

100 "어떤 제3의 운동(tertius quidam motus)." 제1의 운동이 무게의 자연적 규정성으로 인한 원자의 직선적 수직 낙하 운동이고, 제2의 운동은 원자 간의 충돌에 의한 운동이며, 제3의 운동은 최소 이탈에 의한 원자의 운동이다. 각각의 원자가 그 자체의 무게에 의해 평행하게 그리고 연속적으로 수직 낙하하는 한 원자 간에 충돌은 발생하지 않는다. 따라서 에피쿠로스는 원자 낙하 운동의 최초 시점에서 발생하는 원자의 (경험적으로 관찰 불가능한) 최소 이탈을 가정하고, 충격에 의한 원자 운동을 바로 이 이탈의 결과로서 설명한다. 키케로가 곧이어 설명하듯이 이탈을 초래하는 원자의 충돌은 없고 이탈을 통해 오히려 충돌이 발생한다는 점에서 에피쿠로스는 최소 이탈 운동 자체에 아무 원인도 없다고 주장한다.

101 원자들 간의 충돌을 통해 경로의 이탈이 발생하는 것이 아니라, 경로의 이탈을 통해 비로소 평행하게 수직 낙하하는 원자들 간의 접촉이 일어난다는 것이다.

102 "원자(corpora individua)." '원자'를 가리키는 그리스어 'atoma sōmata'를 키케로는 '불가분의 물체'라는 원의에 맞게 'corpora individua'로 옮긴다.

103 "원자의 발명자(auctor atomorum) 데모크리토스는 … 모든 것이 필연(necessitas)에 의해 일어난다는 사실을 받아들이는 게 더 낫다고 생각했지." 데모크리토스가 그의 원자론을 어느 정도까지 인간 행위의 자유를 위협하는 이론으로 창안했는지는 분명하지 않지만, 에피쿠로스는 그것을 자유의지론에 대한 중대한 위협으로 간주했다(R. W. Sharples(1991), p. 175 이하).

104 "꽤 예리한 통찰이네(acutius)." 카르네아데스의 우월한 통찰력은 에피쿠로스주의자들을 크뤼시포스의 운명에 반대하기 위해 자유의지를 옹호했던 사람들로 정확히 인식하는 것을 넘어 경로 이탈의 이론

적 가정을 정립하지 않고서도 영혼의 의지적 운동에 자발성과 자유가 있다는 견해를 충분히 방어할 수 있음을 인식했다는 데 있다.

105 "그와 같은 본성(ea natura)." 원자를 이런저런 방식으로 운동하게 하는 원인으로서 무게나 무거움 같은 본성을 가리킨다.

106 스키피오 아이밀리아누스는 기원전 134년에 누만티아 포위 작전을 감행했고, 8개월 후 주민 대부분은 항복을 거부한 채 자살했다.

107 미래 시점의 예언적 진술이 원인들의 영원한 연쇄로서 운명과 무관하게 참이 되는 방식을 분명히 하기 위해 샤플스가 대괄호의 내용을 보완했다(R. W. Sharples(1991), p. 75).

108 "점령할 것이다(capiet)." 'cepit(점령했다)'으로 읽는 악스와 달리 필사본 A와 V에 따라 'capiet'로 읽었다. 자세한 것은 R. W. Sharples(1991), p. 178 참조.

109 크뤼시포스의 인과적 결정론을 수용하지 않는 키케로의 회의주의적 입장을 부각하기 위해 샤플스가 보충했다(R. W. Sharples(1991), p. 75).

110 호르텐시우스에 관한 이어지는 언급을 보면 대카토(Marcus Porcius Cato, 기원전 234년~기원전 149년)가 아닌 그의 증손자 소카토(Marcus Porcius Cato, 기원전 95년~기원전 46년)를 가리키는 것으로 보인다. 로마 원로원의 구성원이었던 정치가이자 저명한 연설가이고 스토아 학파의 추종자다.

111 퀸투스 호르텐시우스(Quintus Hortensius, 기원전 114년~기원전 50년)는 고대 로마의 유명한 정치가이자 연설가다. 기원전 69년에 집정관을 역임했다. 소카토 가문과의 결혼을 통해 소카토와 친구 이상의 유대 관계를 맺었다고 한다.

112 미래 시점 진술은 참이나 거짓으로 판단되지 않는다고 주장하는 에피쿠로스와 그의 추종자들을 가리킨다.

113 "게으른 논변(ignava ratio)"은 운명론이 수반하는 수용 불가한 귀결을 제시하는 반운명론적 논변이다. 게으른 논변의 추론 형식에 대한 분

석으로는 H. Weidemann(2019), p. 258 이히 참조. '게으른 논변'이라고 부를 수 있는 최초의 철학적 논변은 플라톤의 『메논』에서 소크라테스에 의해 '논쟁적 논변'으로 불린 소위 '메논의 논변'이다. 두 논변의 논증 목표나 과정은 정확히 일치하지는 않지만 결론은 유사하다. 두 논변 모두 인간의 삶에서 활동을, 즉 게으른 논변은 인간의 자발적 선택의 활동을, 메논의 논변은 인간의 자발적 탐구의 활동을 제거하는 논변으로 간주된다. '상기(anamnēsis)'는 메논의 게으른 논변을 반박하고 대체하는 플라톤의 이론이다. 이에 대해서는 『메논』 81d~e 참조. "그러니까 이런 논쟁적인 논변에 결코 설득되어서는 안 되네. 왜냐하면 이 논변은 우리를 게으르게(argos) 만들 것이고 유약한(malakos) 인간들의 귀를 즐겁게는 하겠지만, 지금의 논변은 우리를 부지런하게(ergastikos) 만들 뿐 아니라 탐구에 매진하게(zētētikos) 만들기 때문이네." 상기론에 대해서는 S. I. Lee(2000), p. 93 이하 참조.

114 키케로는 미래의 사건('이 병에서 회복하는 것')은 그것이 '운명'에 의해 일어나는 한 다른 사건과 무관하게('의사를 부르든 부르지 않든') 필연적으로 일어난다는 게으른 논변의 추론을, 미래 사건에 대한 예언은 그것이 영원토록 참이거나 거짓인 한 다른 사건과 무관하게 필연적으로 실현되거나 실현되지 않는다는 추론으로 대체함으로써 반운명론적 논변의 대안적 형태를 제시한다. 변형된 형태의 게으른 논변은 '운명' 대신에 '예언적 진술의 영구적 참과 거짓'을 가정하면서도 예언의 참과 거짓으로부터 예언된 사건의 필연적 발생과 비발생을 추론한다는 점에서 게으른 논변과 실질적으로는 동일한 견해를 유지한다. 미래 시점 진술의 참이 운명과는 무관하다고 주장하는 키케로의 관점에서 보면 예언의 참으로부터 미래 사건의 필연성을 추론하는 것은 명백히 오류다(R. W. Sharples(1991), p. 180 참조).

115 "조건 없이 단순하게 발생하는 사건이고(simplicia) … 어떤 조건과 결부된 것이기(copulata) 때문이다"는 '무조건적이고 조건적이기 때문이다'로 풀어 옮길 수 있다. H. Weidemann(2019), p. 125에 따르면 "단

순하고(즉 무조건적으로 발생하는 사건이고) … (조건과) 결부된 것이기 때문이다." '단순한' 사건은 그것의 발생을 위해 다른 어떤 조건도 필요하지 않다는 의미에서 '무조건적'이며, '결부된' 사건은 그것의 발생 조건으로서 다른 어떤 사건과 결부되어 있다는 의미에서 '조건적'이다. '소크라테스는 저날 죽을 것이다'에서 진술되는 것은 소크라테스가 무엇을 하느냐 하지 않느냐는 조건과 무관하게 발생한다는 점에서 단순하고 무조건적이며, '라이오스에게 오이디푸스가 태어날 것이다'에서 진술되는 것은 라이오스가 어떤 여인과 잤느냐 자지 않았느냐는 조건과 결부되어 있다는 점에서 조건적이다. 병자가 회복하는 것이 의사를 부르거나 부르지 않는 것과 전적으로 무관하다는 게으른 논변에 대해 크뤼시포스는 1) 라이오스에게 오이디푸스가 태어나는 것만큼 병자가 회복하는 것도 조건화된 사건이고 2) 이 사건만큼 의사를 부르거나 부르지 않는 것도 운명에 의해 미리 결정되어 있다고, 즉 병자가 회복하는 것은 공운명적 사건이라고 반론한다.

116 키케로는 꿈에서 예견된 일이 그대로 현실에서 이루어지는 사례로 소크라테스의 꿈에 관해 다음과 같이 말한다(『점술에 관해』 1권 52절). "플라톤의 글을 보면 소크라테스는 감옥에 갇혀 있을 때 그의 친구인 크리톤에게 자기가 사흘 안에 죽으리라고 말하고 있습니다. … 한데 이 일은 그가 말한 대로 이루어졌다고 기록되어 있습니다." 크뤼시포스가 '그가 어떤 것을 하든 하지 않든 그가 죽어야 할 날은 정해져 있다'는 것에 근거해 소크라테스의 죽음을 '단순한' 사건으로 규정할 때, 그는 소크라테스가 꿈을 통해 예견된 자신의 죽음을 운명적으로 미리 정해진(즉, 무조건적으로 발생하는) 사건으로 믿었다는 것을 가정한다.

117 밀론(Milon)은 그리스 식민지였던 남부 이탈리아 크로톤 출신으로, 기원전 6세기에 활동한 전설적인 레슬링 선수다. 올륌피아 경기와 퓌티아 경기에서 여러 차례 우승했다.

118 레슬링을 하는 것과 상대가 있는 것의 관계는 라이오스가 한 여인과

잔 것과 그의 아들을 얻는 것의 관계처럼 일종의 논리적 필연성으로 간주할 수 있는 반면, 의사를 부르는 것과 질병에서 회복하는 것의 관계는 논리적 필연성으로 간주할 수 없다. 이 사실은 게으른 논변의 논리적 불합리성을 더 명백히 드러낸다(R. W. Sharples(1991), p. 181).

119 반운명론을 반박하는 게으른 논변을 '공운명성(confatalia)' 이론으로 재반박하는 크뤼시포스의 논변을 가리킨다.

120 게으른 논변을 펼친 철학자들과는 다른 방식으로 카르네아데스는 운명의 존재를 주장하는 크뤼시포스를 비판했다는 것이다. 게으른 논변은 모든 것이 운명이라면 우리의 삶에서 의사를 부르거나 부르지 않는 것과 같은 자발적 활동이나 선택이 제거될 수밖에 없으므로 결국 우리에게 달린 것은 아무것도 없다는 결론을 추론함으로써 운명론의 불합리성을 밝힌다. 반면 크뤼시포스는 병의 회복과 같은 특정한 사건은 의사의 소환과 같은 사건과 결부되어 있고 두 사건, 즉 병의 회복이나 의사의 소환은 모두 운명에 종속되어 있다는 점에서 '공운명적'이라는 이론을 제시함으로써 병의 회복을 단순하게 무조건적으로 발생하는 사건으로 이해하는 게으른 논변을 재반박하고 자신을 향한 비난에서 벗어난다. 이제 카르네아데스는 크뤼시포스의 재반박을 다시 압박하고 논박한다. 그는 게으른 논변의 대변자들과 반운명론적 태도는 공유하지만, 그들과는 다른 방식으로 이 태도를 정당화한다. 키케로는 곧이어 카르네아데스의 이 논변을 더 치밀하게 만들 수 없는 것으로 언급하는데(32절), 이는 운명의 존재를 비판하고 인간의 자유를 지키기 위해 카르네아데스가 게으른 논변을 그것보다 논리적으로 더 치밀한 자신의 논변으로 대체하고자 했음을 시사한다. 게으른 논변의 수정판으로서 카르네아데스의 논변에 대한 상세한 분석으로는 M. Schallenberg(2008), p. 205 이하 참조.

121 "속임수(calumnia)"가 무엇을 말하는지는 직관적으로 분명하지 않다. 아마도 키케로는 카르네아데스가 자신의 논변에 크뤼시포스가 주장

하지 않은 것을 마치 그가 주장한 것처럼 포함하지 않았음을 지적하고 싶었던 것 같다. 가령 카르네아데스 논변의 주요 명제 중 하나는 '우리 능력 안에 있는 것이 있다'인데, 40절에서 보듯이 이것은 크뤼시포스가 운명의 존재를 천명하면서도 행위의 도덕적 책임의 토대로서 받아들인 것이다. 이에 대해서는 주석 123 참조. 또한 카르네아데스가 크뤼시포스의 논변을 부당한 것으로 여겼음에도 불구하고 그것이 게으른 논변에 대한 반박 논변인 것은 솔직하게 인정했다는 해석에 대해서는 R. W. Sharples(1991), p. 181 참조.

122 "추론 과정(conclusio)"은 추론의 '결론'을 의미하기도 하지만, 여러 단계를 거쳐 결론에 도달하는 '과정'을 가리키기도 한다.

123 운명론이 삶에서 활동을 앗아 간다고 주장하는 게으른 논변을 크뤼시포스는 병의 회복이 조건적 사건이고 의사를 부르거나 부르지 않는 것과 무관하지 않다는 식으로 반박함으로써 운명론을 방어하려고 한다. 하지만 카르네아데스는 크뤼시포스가 한편으로 '어떤 것이 우리의 능력 안에 있다'는 자명한 사실을 인정하는 한 다른 한편으로 모든 것이 운명에 의해 발생한다는 그의 입장을 스스로 부정해야 한다는 점을 게으른 논변보다 논리적으로 더 치밀한 논변의 구성을 통해 보여 준다(39절 참조).

124 "같은 주장(idem)"이란 20b~21a절에서 크뤼시포스가 운명의 존재를 증명하기 위해 제시한 논변을 말한다.

125 "자연적〔원인의〕영원성 없이도(sine aeternitate naturali)"는 키케로 특유의 함축적 표현이다. '자연 속에서 영원히 작용하며 미래의 일을 일으키는 선행하는 원인의 계열 없이도'로 풀어 옮길 수 있고, 더 간략하게 샤플스의 제안처럼 '선행하는 원인의 자연적 영원성 없이도'로 옮길 수도 있다(R. W. Sharples(1991), p. 182〕.

126 카르네아데스에 따르면 미래의 일이 인과적으로 결정되어 있지 않다면 신조차 그것을 예지할 수 없다는 것이다. 스토아 철학자들은 선행하는 원인들로부터 발생하지 않는 비결정적 사건을 예지할 수 없다

는 것에는 동의할 것이지만, 인과적으로 결정되지 않은 사건들이 존재한다는 것은 부정할 것이다[R. W. Sharples(1991), p. 182].

127 마르쿠스 클라우디우스 마르켈루스(Marcus Claudius Marcellus)를 말한다. 그는 집정관을 다섯 차례 역임한 같은 이름의 조부 마르쿠스 클라우디우스 마르켈루스(기원전 약 270년~기원전 208년)의 손자이고, 그 자신도 기원전 166년, 기원전 155년, 기원전 152년 세 차례에 걸쳐 집정관을 역임했다. 기원전 148년에 조난 사고로 죽었다.

128 과거의 일에 어떤 증거나 흔적이 남아 있지 않다면 신조차 그것을 인식할 수 없을 것이고, 마찬가지로 미래의 일에 어떤 원인도 미리 존재하지 않는다면 신조차 그것을 인식할 수 없다는 것이다.

129 카르네아데스와 키케로에 따르면 델포이에서 테바이로 가는 길에 마주친 한 늙은이를 죽인 것은 오이디푸스의 자발적 선택이며, 그런 의미에서 오이디푸스가 한 행위의 원인은 미리 결정되어 있었던 것은 아니고, 결국 아폴론에게도 그의 행위에 대한 예언은 불가능했다는 것이다. 고대 비극을 신적 운명에 저항하는 인간의 오만과 불행에 대한 모방으로 바라보는 관점은 비극의 진정한 예술 정신과 가치에 대한 고대적 이해, 무엇보다도 아리스토텔레스적 이해로부터 멀리 떨어져 있다[아리스토텔레스 지음, 이상인 옮김(2023), pp. 138~139, 각주 46 참조]. 아리스토텔레스는 가령 오이디푸스에게 내려진, 자신의 아버지를 죽이고 어머니와 결혼할 운명이라는 신탁을 드라마 밖에 놓여 있는 것으로 간주했고 (『시학』 14장, "물론 [두려운 일임을 모르고서 하는 오이디푸스의] 이 행위는 극 밖에 있다.") 비극적, 예술적 감정의 환기에 본질적인 드라마의 요소로 여기지도 않았다.

130 대괄호 부분은 샤플스가 보완한 것이다[R. W. Sharples(1991), p. 81]. 보완의 이유에 대해서는 주석 131 참조.

131 인과적 결정론의 이론적 바탕 위에서 미래 사건의 참을 주장하는 스토아 철학자들('이들')과, 단순히 미래 시점 사건의 영원한 참만을 주장하는 다른 철학자들('그들')이 대비되어 있다. 전자의 스토아 철학

자들은 미래 진술의 참을 정당화하기 위해 "자연적〔원인의〕영원성" (32절)에 관한 가설을 정립하고 '선행 원인으로부터 발생하는 한'이라는 제한 조건을 부과한다. 따라서 그들의 논변은 이론적 설명과 정당화의 측면에서 더 큰 부담이나 압박을 받을 수밖에 없다. 반면 후자는 미래 사건의 영원한 참을 주장할 때 부과되는 '선행 원인으로부터 발생하는 한'과 같은 '속박' 없이 그들의 논변을 자유롭게 구성한다. 바로 앞 문장에서 샤플스가 "그것들에 선행하는 원인이 있었든 없었든"을 추가해 읽는 것도 '그들'이 그들의 논변의 정당화에 요구되는 이와 같은 제한 조건에 무관심했다는 것을 드러내기 위한 것이다.

132 키케로는 스토아학파의 운명론을 '선행 원인으로부터의 발생'이라는 '인과성 원리'가 그것의 근간임을 인정한 상황에서 반박하기 시작한다. 34절에서 어떤 사건에 선행하는 원인과 어떤 사건에 선행하면서도 그 사건을 필연적으로 유발하는 원인, 그리고 36절에서 어떤 사건의 발생에 요구되는 필요조건으로서의 원인과 어떤 사건의 필연적 발생에 요구되는 충분조건으로서의 원인, 41절과 44절에서는 동의에 선행하는 최근접적 원인으로서의 표상과 동의를 필연적으로 유발하는 주도적 원인으로서의 영혼의 자유의지를 구분하고(두 종류의 원인 구분에 대해서는 『토피카』 58~59절 참조), 스토아 철학자들의 결정론적 논변을 어떤 사건의 발생을 위해 그 필요조건으로서 선행 원인이 있어야 한다는 주장으로 환원한다. 키케로의 시각에서 판단해 보면 필요조건으로서의 원인들로부터 "스토아 철학자들은 운명을 직조" (『토피카』 59절)해 냈던 것이다.

133 더 정확히 말하면 '원인들의 영원한 연쇄에.'

134 운동장으로 내려가지 않으면 운동장에서 공놀이할 수 없으므로 운동장으로 내려간 것이 공놀이의 필요조건이라는 의미에서 공놀이의 원인이라 말할 수 있지만, 운동장에 내려간다고 해서 다른 놀이나 활동을 하지 않고 '반드시' 공놀이만을 해야 하는 것은 아니기 때문에 운동장으로 내려간 것이 공놀이의 충분조건이라는 의미에서 공놀이한

것의 진정한 원인이라고 말할 수 없다는 것이다. 어떤 활동이나 일의 진정한 원인을 그것을 자유롭게 선택하는 사람의 의도에서 찾는 키케로의 입장에서 보면 운동장으로 내려간 것을 공놀이의 원인으로 말해서는 안 되고 오히려 공놀이를 하고자 하는 자발적 의도를 운동장으로 내려간 것의 원인으로 말해야 한다.

135 알렉산드로스는 프리아모스와 헤카베의 아들인 파리스다. 헤카베는 파리스를 임신했을 때 불길한 꿈을 꾸어 신탁을 구했는데, 신탁은 그가 트로이아의 몰락을 가져올 것이라고 예언했다. 헤카베는 신탁의 경고를 무시하고 파리스를 출산한 후 몰래 이다산에 버렸다. 파리스는 양치기의 자식으로 살다가 후에 신분이 밝혀져 왕자의 지위를 되찾았다. 그는 트로이아의 사절단으로 형 헥토르와 함께 스파르타를 방문했을 때, 스파르타의 왕 메넬라오스의 아내인 헬레네를 유혹해 몰래 귀국선에 태웠다. 이것이 트로이아 전쟁의 빌미가 되었으며, 결국 트로이아의 멸망으로 이어졌다. 트로이아 멸망의 진정한 원인을 신탁에 따르지 않고 헤카베가 파리스를 출산한 것에서 찾아서는 안 된다는 것이 키케로의 생각이다.

136 스파르타의 왕 튄다레오스와 레다 사이에서 태어난 딸 클뤼타임네스트라는 뮈케네의 왕 아가멤논의 아내다. 아가멤논이 트로이아에서 돌아왔을 때 그를 살해했다.

137 퀸투스 엔니우스(Quintus Ennius, 기원전 239년~기원전 169년)는 고대 로마의 시인으로, 로마 시문학의 아버지로도 불린다. 대표작으로 로마 역사를 노래한 대서사시 『연대기(Annales)』가 있고, 그리스의 비극 시인인 에우리피데스의 『메데이아』를 모방해서 쓴 『메데이아(Medea)』 또는 『추방된 메데이아(Medea Exul)』로 불리는 비극이 있다. 이 작품은 단편적으로 전해질 뿐이다. 비극의 상연 시기는 알려지지 않았는데, 엔니우스가 로마에 기원전 204년에 왔고 기원전 169년에 죽었기 때문에 그사이 어느 때에 상연된 것으로 추정된다. 그의 『메데이아』 서막에서 이아손과 메데이아 사이에서 태어난 두 아들의 가정교사는

만일 이아손이 펠리온산의 나무로 아르고호를 만들어 콜키스로 항해하지 않았다면 메데이아가 이아손과 그리스로 달아나 나중에 코린토스에서 이아손에 의해 버림받는 일은 일어나지 않았을 것이라고 비탄에 잠겨 말한다(R. W. Sharples(1991), p. 184 참조).

138 선박 건조의 시작은 아르고호 건조였다.

139 "하지만 앞서 언급된 그 일들은 메데이아의 사랑의 원인이 아니었네 (non ut eas res causam afferrent amoris)." 아르고호 건조가 메데이아가 도망하는 데 필요조건이라는 것으로부터 그것이 그녀가 사랑하는 사람과 도망간 것의 원인이라는 것은 따라 나오지 않는다는 것이다. 이 문장을 목적적 부사절로 보는 바이데만(H. Weidemann(2019), p. 133)과 달리 결과절로 보는 샤플스의 번역이 전후 맥락에 더 적절하다(R. W. Sharples(1991), p. 182).

140 "그들"은 스토아학파 철학자들이다. '두 부류 사이의 차이'는 어떤 일의 발생을 위한 필요조건과 충분조건의 차이를 가리킨다(34절 참조).

141 "이 일(earum)"이란 앞서 말한 두 부류의 일이 아니라 어떤 다른 일의 필요조건으로서의 일, 즉 전자의 일을 가리킨다.

142 필록테테스(Philoktetes)는 호메로스의 『일리아스』 2권에서 언급된다. 그는 그리스 연합군의 일원으로 트로이아 원정에 참여했는데, 트로이아로 가는 도중에 뱀에 물려 상처를 입었고, 상처에서 나는 고약한 냄새를 참지 못한 다른 그리스 장군들이 그를 렘노스섬에 버렸다. 필록테테스를 소재로 한 비극이 여러 편 있는데, 전해지는 것으로는 소포클레스의 『필록테테스』가 있다.

143 요컨대 필록테테스가 실제로 렘노스섬에 버려지기 전까지는 뱀에 물려 그의 피부가 곪아 터진 것을 렘노스섬에 버려진 것의 원인으로 말할 수 없다는 것이다. 이런 측면에서 키케로는 "야기된 것은 어떤 원인이 있었는지를 보여" 준다고 말한다(『토피카』 67절).

144 원문에 주어가 생략되어 있다. 바로 다음 문장의 추가 설명을 고려하면 "그것"은 상반된 두 진술, 즉 긍정 진술과 부정 진술 중 하나는 참

이라는 것이다.

145 "선언(disjunctio)"이란 즉, '필록테테스는 상처를 입거나 입지 않을 것이다.'

146 에피쿠로스주의자들은 두 상반된 미래 시점 진술 p와 ~p에 이가 원리를 적용하지 않기 때문에 p와 ~p 모두 참이 아니라고 주장하면서도 p와 ~p의 선언적 결합은 참이라고 주장한다.

147 키케로는 크뤼시포스처럼 모든 진술이 참이거나 거짓이라는 이가 원리를 받아들이면서도 이성의 합리적 판단에 근거해 곧바로 모든 사건이 영원한 원인들의 연쇄 속에서 발생하고 그런 의미에서 운명에 의해 미리 결정되어 있다는 인과적 결정론은 거부한다.

148 모든 것이 운명에 의해 필연적으로 발생한다는 결정론적(deterministisch) 견해와, 의지의 자유로운 선택을 통해 발생하는 것은 운명에 의한 것이 아니라는 자유의지론적(libertarisch) 견해를 말한다(H. Weidemann(2019), p. 304). 자유의지론(Libertarismus)과 양립 불가능한 강한 결정론적 견해와, 자유의지론과 양립 가능한 약한 결정론적 견해로 보는 것에 대해서는 M. Schallenberg(2008), p. 14 이하, p. 302 참조. 키케로는 후자를 지지하는 철학자에 대해서는 언급하지 않지만, 전자의 대표적 대변자로는 네 명의 철학자를 언급한다. 운명에 대한 철학적 논의는 헬레니즘 시대에 등장했고, 이 네 명의 철학자에게서 '운명'이나 '필연'의 개념이 발견되더라도 그것의 의미가 헬레니즘 시대의 결정론 논쟁의 맥락에서 사용되는 것과 정확히 일치하지는 않기 때문에 키케로의 언급은 엄밀한 철학사적 판단에 기초한 것이라기보다는 단순히 그의 개인적인 판단("내 생각은 이렇네")처럼 보인다. 샬렌베르크는 이런 점에서 키케로의 언급을 시대착오적 설명(anachronistische Darstellung)으로 이해한다(M. Schallenberg(2008), p. 223).

149 키케로는 "어떤 사물도 아무렇게나 생겨나지 않는다. 오히려 모든 것은 이치에 따라서 그리고 필연에 의해 생겨난다"라는 데모크리토스(Demokritos)의 단편 B2를 염두에 둔 것으로 보인다(소크라테스 이

전 철학자들의 단편 인용은 H. Diels & W. Kranz(1951/1952)에 따른 것임). 여기서 '필연(anangkē)'은 강제적으로 원자들을 회오리치게 하는 자연적 힘이자 모든 생성의 원인으로 이해될 수 있다(M. Schallenberg(2008), p. 221, 각주 427). 물론 데모크리토스 자신이 그의 원자론의 체계를 자유의지와 도덕적 책임을 위협하는 것으로 보았다고 판단할 근거는 없다. 아리스토텔레스는 데모크리토스를 비판할 때도(『자연학』2.4 196a24 이하) 자유의지가 아니라 자연적 목적을 부정하는 데모크리토스의 입장을 비판한다(R. W. Sharples(1991), p. 186 참조).

150 헤라클레이토스(Herakleitos)는 '운명'에 대해 명시적으로 말하지 않지만 '필연'에 대해서는 단편 B80("만물은 투쟁과 필연(chreōn)에 따라서 생겨난다")에서 언급한다. 여기서 필연은 자연의 생성과 소멸을 일으키는 우주적 힘의 절대적 법칙성을 표현하고, 만물을 다스리는 로고스(신적 이성 또는 섭리)에 관한 이론과 '모든 것은 하나다'(B10, 50)라는 전일론을 뒷받침하는 핵심 개념이다. 자연의 보편 법칙으로서 신과 일치하는 삶을 추구한 스토아 철학자들에게는 다른 어떤 철학자보다도 헤라클레이토스가 운명론의 선구자로 비쳤을 것이다.

151 엠페도클레스(Empedokles)는 모든 현상 배후에 영원히 존재하는 실체로서 4원소를 제시하고(A37, B7), 자연의 생성과 소멸의 전 과정을 사랑과 불화의 교차적 지배에 의한 4원소의 혼합과 분리의 순환적 반복으로 파악한다(B17). 시간 속에서 이루어지는 자연의 이러한 반복적 순환은 신들이 제정한 법령으로서 오래되고 영원한 것이며, 강한 맹세들에 의해 튼튼히 봉인되어 있는 필연의 여신 '아낭케'의 신탁에 의해 유지된다(B115).

152 아리스토텔레스(Aristoteles)를 결정론자로 분류하는 것은 그의 『형이상학』 E 3, 『명제론』 9, 『니코마코스 윤리학』 III 7에서 보이는 반결정론적 입장에 비추어 보면 전혀 의외다(M. Schallenberg(2008), p. 222, 각주 430). 바이데만은 키케로가 우리에게 전해지지 않는 소

위 '대중 공개용 저술(exôterıkoi logoı)'의 일부에 근거해서 말하고 있는 것으로 추정한다(H. Weidemann(2019), p. 306). 키케로가 자신의 운명론자 목록에 아리스토텔레스를 포함한 것과 관련된 다양한 해석 유형에 대해서는 H. Weidemann(2019), p. 306 이하 참조.

153 "타협점(medium)"이란 자유의지에 따른 행위를 포함해 발생하는 모든 것이 운명에 의해 발생한다는 것을 주장하는 운명론자와, 적어도 자유의지에 따라 발생하는 것은 필연에 따라 발생하는 것이 아니라는 것을 주장하는 자유의지론자 모두를 만족시키는 제3의 대안을 말한다. 크뤼시포스가 41절에서 제시하는 제3의 대안은 인간의 행위를 결정하는 원인을 두 종류, 즉 외적 · 보조적 · 최근접적 원인과 내적 · 주도적 · 완전한 원인으로 구분하고, 이 구분에 기초해 한편으로 인간의 행위에 외적 원인이 항상 선행한다는 것을 통해 인간 행위의 운명적 · 강제적 발생을 설명하고, 다른 한편으로 인간의 행위가 자유의지, 즉 이성적 의지의 자유로운 선택이라는 내적 원인에 의해 주도적으로 이루어진다는 것을 통해 인간 행위의 자발적 발생을 설명하는 것이다.

154 모든 것이 운명에 의해 일어난다는 철학적 가정이 수반하는 불합리한 결과를 추론해 운명의 보편적 지배력을 믿었던 옛 철학자들의 견해를 반박하는 자유의지론자들의 논변을 말한다.

155 "충동에 앞서는 것 역시 그렇게 일어난다(quae appetitus sequuntur)"를 악스의 편집본을 포함해 전승되는 모든 판본에서는 '충동에 뒤따르는 것 역시 그렇게 일어난다(quae appetitum sequuntur)'로 읽는다. 하지만 충동에 뒤따르는 것이 동의라는 것은 크뤼시포스의 행위론과 근본적으로 배치되는 주장이다. 크뤼시포스의 입장에 대해서는 이상인(2005), pp. 37~69 참조. 크뤼시포스에 따르면 우리는 일차적으로 감각을 통해 외부 세계로부터 표상(phantasia, visum)을 마치 마음속에 자국이 찍히듯이 받아들이며, 이 수동적 표상에 그것의 참과 거짓의 관점에서, 즉 그것이 얼마나 외부 세계를 있는 그대로 재현하는지의

측면에서 자발적으로 동의(synkatathesis, adsensio)를 부여하고, 표상에 동의할 때 우리는 특정한 행위를 하고자 하는 충동(hormē, appetitus)에 사로잡히며, 충동에 사로잡히자마자 우리는 실제로 우리의 욕구를 신체를 활용해 현실 속에서 실현하는 행위(praxis, actio)를 한다. 표상과 동의와 충동의 행위 발생 순서에 따르면 충동에 뒤따르는 것은 동의가 아니라 행위다. 사실 키케로도 바로 이어서 '충동으로 말미암아 일어나는 것'을 '행위'로 말한다. 크뤼시포스 행위론의 일관성을 지키기 위해 햄린은 'appetitum'을 'appetitus'로 읽기를 제안하고 〔O. Hamelin(1978), p. 37〕, 나도 햄린의 제안에 따라 '충동이 뒤따르는 것', 즉 '충동에 앞서는 것'으로 번역했다. 이오폴로는 키케로가 여기서 말하는 '동의에 선행하는 충동'이 크뤼시포스가 아니라 제논과 클레안테스의 이론이라고 주장하기도 한다〔A. M. Ioppolo(1988), pp. 406~414 참조〕. 상세한 것은 H. Weidemann(2019), p. 310 이하 참조.

156 옛 철학자들의 두 극단적 견해를 피하고 영혼의 자유에 대한 믿음과 운명에 대한 대한 믿음을 통합하고 "마치 명예 중재인처럼 타협점"을 찾으려는 크뤼시포스의 시도(39절)를 키케로는 다시 설명하고 있다.

157 주도적 원인은 어떤 사건을 필연적으로, 즉 그것이 발생해야 하는 방식으로 유발하는 원인이고, 최근접적(proxima) 원인은 어떤 사건의 발생에 필수적이지만 그것을 필연적으로 일으키지는 않는, 그것의 발생에 앞서 그것에 가장 가깝게 있는 원인을 말한다. 예컨대 팽이를 치지 않고는 팽이가 회전하지 않는다는 점에서 팽이를 치는 것은 팽이의 회전에 선행해 가장 가깝게 있는 외적이고 최근접적인 원인이고, 팽이의 회전하는 힘과 본성은 일정 외적 자극이 주어질 때 팽이를 필연적으로 회전할 수밖에 없게 만드는 주도적 원인이다.

158 "이것"은 충동이 우리의 능력 안에 있지 않다는 것을 가리킨다.

159 "그것"은 충동을 말한다.

160 "저 결론"이란 모든 것이 운명에 의해 일어나는 것은 아니라는 자유

의지론자들의 결론을 말한다. "그 사람들은 일어나는 모든 일이 운명에 의해 일어나는 것은 아니라고 결론짓는 것이 더 설득력 있다고 생각하네."(40절)

161 모든 것이 운명에 의해 일어나지 않는다는 자유의지론자들의 비판은 선행하는 원인을 보조적 원인이 아니라 주도적 원인이라는 의미에서 말하는 사람들에게는 적용될 수 있다는 것이다. 왜냐하면 이들에게는 모든 것이 외적 강제와 필연에 의해 발생하므로 자유의지에 의한 행위의 발생 자체가 원칙적으로 거부되기 때문이다. 요컨대 자유의지론자들의 비판은 자유의지에 의한 행위 발생을 전적으로 거부하는 운명과 필연의 지지자들에게만 적용 가능하다는 것이다.

162 모든 것이 운명에 의해 일어나지 않는다는 자유의지론자들의 비판은 선행하는 원인을 보조적 원인이라는 의미에서 말하는 사람들에게는 적용될 수 없다는 것이다. 왜냐하면 그들은 오직 외적이고 보조적인 원인에 의한 행위의 발생을 운명에 의한 것으로 인정하지만, 자유의지라는 주도적 원인에 의한 행위의 발생은 운명에 의해 결정되지 않는 것으로 설명하기 때문이다.

163 스토아학파 행위론의 인식론적 토대에 대해서는 이상인(2005), pp. 37~69 참조.

164 "그것"이란 원통이나 팽이를 치는 것과 같은 외적 자극을 말한다.

165 즉, 표상이 외부로부터 우리에게 주어지면.

166 "대개(veri simile)"는 글자 그대로 '진리 자체가 아니라 진리와 비슷한', '진리에 부합하는'을 의미한다('진리 유사성(veri similitudo)' 개념의 철학사적 근원은 파르메니데스의 'eoikōs'(단편 B8, 50)까지 거슬러 간다. 이상인(2011), p. 81 이하 참조]. 이 의미로부터 '개연적인'이나 '그럼직한'의 의미가 파생되었다. 여기서는 '모든 일에 반드시 필연적으로가 아니라, 대개 개연적으로 선행하는 원인이 있다면'으로 옮겼다. 개연성은 비교적 높은 강도의 신뢰성을 표현한다는 점에서 '모든 일에 선행하는 원인이 있다는 것을 부정하기 어렵다면' 정도로 의

역할 수도 있다. 그러면 주절의 '인정하지 않을 수 있겠는가'와 좀 더 자연스럽게 연결된다.

167 키케로는 39절에서 두 부류의 옛 철학자, 즉 운명의 '강한' 보편적, 무제한적 결정성을 주장하는 운명론자들과, 의지의 자유를 주장하는 자유의지론자들을 언급했고, 40절부터 크뤼시포스를 두 부류의 중간에 있는 철학자로, 굳이 표현하면 운명의 '약한' 제한적 결정성을 주장하는 운명론자로 규정했다. 여기서 "동의가 운명에 의해 일어난다는 것을 부정하는 사람들"은 자유의지론자들을 가리킨다. 키케로는 자유의지론자들의 주장과 약한 의미의 결정론을 주장한 크뤼시포스의 주장의 동일성과 차이성에 대해 논한다.

168 동의와 표상의 관계와 관련해 자유의지론자들의 주장은 1) 동의는 운명에 의해 일어나지 않고 2) 동의가 선행하는 표상 없이 일어나지 않는다는 것이다. 두 주장 중 2)는 크뤼시포스도 주장하는 것이지만 그들이 2)와 함께 1)을 동시에 주장하는 한 그들의 주장은 크뤼시포스의 주장과 다른 것처럼 보인다. 왜냐하면 운명을 대변하는(비록 그것이 약한 의미의 결정성을 내포하지만) 크뤼시포스는 어쨌든 동의는 운명에 의해 일어난다고 주장하기 때문이다.

169 이제 키케로는 크뤼시포스의 주장과 자유의지론자들의 주장이 실질적으로 같은지 다른지를 자유의지론자들의 두 주장 1)과 2)를 중심으로 고찰한다(주석 168 참조). 한편으로 1)에서 자유의지론자들은 동의의 운명적 결정성을 부정한다. 그런데 만약 우리가 그들의 주장 2)에 주목하고 크뤼시포스의 최근접적 원인과 주도적 원인의 구분을 받아들인다면 2)는 표상이 동의에 인접한 최근접적 원인으로 작용하지만 동의를 필연적으로 유발하지는 않는다는 것을 의미하고, 이는 결국 표상으로부터 발생하는 동의가 운명에 의해 일어나지 않는다는 주장으로 귀결된다. 동의는 운명에 의해 발생하지 않는다는 것을 긍정하는 크뤼시포스처럼 자유의지론자들도 똑같이 동의가 운명에 의해 발생한다는 것을 부정하는 셈이다. 따라서 자유의지론자들과 크

뤼시포스의 주장은 실세로 일치한다. 사실 표상을 주도적 의미의 원인으로 이해하지 않는 크뤼시포스도 그런 강한 의미의 운명에 의한 동의의 결정성을 주장하지 않기 때문이다. 다른 한편으로 동의가 선행하는 표상 없이는 절대 발생하지 않는다는 주장 2)에 다시 주목해 보자. 자유의지론자들은 2)를 주장할 때 함축적으로 선행하는 원인 없이는 어떤 일도 일어나지 않는다는 것을 전제하며, 이것은 다시 동의가 선행하는 원인으로서 표상에 의해 발생한다는 것을 함축하고, 이는 결국 동의가 표상이라는 선행하는 원인으로부터 운명에 의해 일어난다는 주장으로 귀결된다. 자유의지론자들은 말로는 동의가 운명에 의해 발생한다는 것을 부정하지만, 실제로는 크뤼시포스와 똑같이 동의가 운명에 의해 발생한다는 것을 긍정하는 셈이다. 따라서 자유의지론자들과 크뤼시포스의 주장은 실제로 일치한다. 사실 표상을 보조적 의미의 원인으로 이해하는 크뤼시포스도 그런 약한 의미의 운명에 의한 동의의 결정성을 주장하기 때문이다. 이로부터 키케로는 "우리는, 양측 모두 각각의 견해를 밝히고 설명한 후 동일한 결과에 도달하기 때문에 양측의 견해차가 사실이 아니라 말에 있다는 점을 쉽게 이해할 수"(44절) 있다고 결론짓는다.

170 '누락 3'이다. 키케로는 자유의지론자와 크뤼시포스의 견해상의 일치와 불일치를 검토한 후 양측의 견해차가 사실이 아니라 말에 있음을 표명하면서 44절을 마친다. 그리고 45절에서 그는 다시 양측이 그들의 견해차를 알고 있다고 밝힌 후 양측 중 한 측의 입장을 설명하고 나머지 한 측의 입장을 설명하는 도중에 글이 끊긴다. 따라서 '누락 3'에서 일차적으로 언급해야 할 것은 운명의 영향력이 우리 능력 안에 있는 일들에 얼마나 미칠지와 관련된 나머지 한 측의 주장이다. 이미 양측의 견해차가 언어적 차이에 있다는 것을 44절에서 거론한 이상 45절에서 양측의 견해차에 대한 설명이 최종적으로 '양측의 견해차가 사실이 아니라 말에 있다는 점'을 목표로 한다고 보기는 어렵다. 왜냐하면 키케로가 다시 45절에서 양측의 견해차를 재론하는 것

은 논의의 불필요한 중복이 될 것이기 때문이다. 이런 측면에서 샬렌베르크는 양측의 견해차에 대한 45절의 재론을 오히려 스토아 철학자들의 이론에 대한 최종적 비판, 특히 39절에서 두 극단적 견해의 타협점을 찾고자 한 크뤼시포스의 시도의 최종적 좌초를 설명하기 위한 도입부로 간주하고, 이런 관점에서 또한 크뤼시포스의 이론적 진퇴양난을 서술하는 겔리우스의 '단편 1' 역시 '누락 3'에 포함되었을 것이라고 추정한다(M. Schallenberg(2008), p. 290 이하).

171 에피쿠로스를 가리킨다.

172 에피쿠로스학파 철학자들을 가리킨다.

173 마지막 누락 부분인 '누락 4'다. 『운명론』의 도입부처럼 종결부도 전승되지 않은 점은 키케로의 전체적인 연설 구조를 완벽히 재구성하는 것을 어렵게 만든다. 종결부에서 키케로는 인과적 결정론을 피하려고 에피쿠로스가 요청한 비인과적('원인 없는') 경로 이탈이 운명의 지배력을 깨고 영혼의 자유를 확립하기보다는 도리어 인과적 결정론을 강화하는 계기가 됨을 지적한다. 아이젠베르크는 키케로의 이 지적 다음에 『점술에 관해』의 연장선상에서 스토아학파의 운명에 대한 키케로의 반박이 신과 종교에 대한 거부를 함축하는 것이 아니라고 주장했을 것으로 추정한다(H. Eisenberg(1979), p. 170). 그리고 가장 마지막 부분에서는 키케로와 그의 연설에 감사를 표하는 히르티우스의 최종적 대화도 포함되었을 것이다(M. Schallenberg(2008), p. 297).

174 '단편 1'은 겔리우스(Gellius)의 『아티카의 밤』 7권 2장 15절 이하에 인용된 것으로 이렇게 시작한다. "운명에 관해 썼던 책에서 마르쿠스 키케로는 그 질문이 가장 불투명하고(obscura) 가장 복잡하(게 얽혀 있)다고 말하면서 철학자 크뤼시포스 역시 거기에서 빠져나오지 못했다는 것을 다음과 같이 말한다."

175 '단편 2'는 세르비우스(Servius)의 『베르길리우스 아이네이스 주석』 3권 376행 해설에 인용된 것으로 이렇게 시작한다. "(유피테르가 운명의)

물레를 돌린다. 다음과 같이 말하는 마르쿠스 키케로의 주장에 따른 운명의 정의."

176 '단편 3'은 아우구스티누스(Augustinus)의 『신국론』 5권 8장 이하에 인용된 호메로스의 『오뒷세이아』 구절로 이렇게 시작한다. "키케로가 라틴어로 옮긴 호메로스의 저 구절(『오뒷세이아』 18권 136~137행)도 이 견해를 뒷받침한다. … '단편 3' … 물론 이 질문과 관련해서 한 시인의 견해가 권위를 갖는다고는 할 수 없을 것이다. 하지만 키케로는 운명의 힘을 주장하는 스토아 철학자들이 호메로스의 이 구절을 사용하고는 했다고 말했기 때문에 여기서 논의하고 있는 것은 저 시인의 견해가 아니라 저 철학자들의 견해. 운명에 대한 그들의 논의에 사용된 저 구절을 통해 그들이 생각하는 운명이 무엇인지가 가장 분명하게 드러난다. 그들은 운명을 그들이 최고의 신으로 여기는 유피테르라고 부르고 운명(에 의해 정해진 사건)들의 결합이 그에게 달려 있다고 말한다."

177 '단편 4'는 아우구스티누스의 『신국론』 5권 2장 이하에 인용된 것으로 이렇게 시작한다. "키케로는 이렇게 말한다. … '단편 4' … 그렇게 의사가 두 형제의 매우 유사한 신체적 체질과 관련된 것으로 여겼던 것을 이 점성술 철학자는 그들의 잉태와 출산의 시점에 존재했던 별들의 힘이나 배치와 관련된 것으로 여겼다."

178 '단편 5'는 마크로비우스(Macrobius)의 『사투르누스 축제』 3권 16장 3절 이하에 인용된 것으로 이렇게 시작한다. "그리고 어떤 시인이 [여러분에게] 별 가치 없는 증인이지 않기 위해서는 아프리카와 누만티아의 정복자인 유명한 푸블리우스 스키피오에 의해 이 물고기가 얼마나 귀하게 여겨졌는지를 키케로로 하여금 증언하게 하라. 그것은 운명에 대한 그의 대화편에 나오는 키케로의 말이다."

179 알렉산드로스는 2세기 후반에서 3세기 초반에 활동한 아리스토텔레스주의자이자, 아리스토텔레스 철학 해석에서 역사상 가장 영향력 있는 주석가이다. 그는 아리스토텔레스주의의 입장에서 다른 학파들

의 '운명(heimarmenē)'에 관한 견해, 특히 스토아학파의 결정론을 비판하기 위해 『운명론』을 썼다. 이 글은 그가 쓴 『운명론』으로부터 스토아학파의 결정론을 이해하는 데 도움이 되는 부분을 발췌한 것이다. 발췌한 부분 중에는 스토아학파의 입장을 '설명'하는 것도 있고, 알렉산드로스가 스토아학파의 주장을 '비판'하는 것도 있어서 어느쪽 견해에 해당하는 서술인지 주의를 기울여 읽어야 한다. 번역의 기초가 된 그리스어 텍스트는 I. Bruns(1892)이지만, 그 밖에도 R. W. Sharples(1983), A. A. Long & D. N. Sedley(1987), P. Thillet(1984), A. Zierl(1995), C. Natali(1996)를 참고했다. 그리스어 읽기 방식이 브룬스의 편집본과 달라지는 구절에서는 주석으로 표시했다.

180 모든 것들이 운명에 따라 생겨도 가능성이나 우연성이 제거되지 않는다는 스토아학파의 주장과 그에 대한 알렉산드로스의 비판 중 일부다. 키케로 역시 『운명론』13절에서 스토아학파의 크뤼시포스가 일어나지 않을지라도 가능한 일이 존재한다고 주장하는 것으로 전한다.

181 알렉산드로스의 『운명론』은 당시(198~209년) 두 명의 공동 황제였던 셉티미우스 세베루스(Septimius Severus)와 카라칼라(Caracalla)에게 헌정한 작품이기에 경어체로 번역하기로 한다.

182 "그것들"은 운명에 따라 생기는 것들과 반대되는 것들을 말한다.

183 괄호의 시작 위치를 Sharples(1983)처럼 176.17행의 'dio' 바로 앞에서부터인 것으로 보았다.

184 "그것들"은 운명에 따라 생기는 것들과 반대되는 것들을 말한다.

185 "여하튼" 이하의 내용은 알렉산드로스의 비판이자 그 비판에 최적화되어 설명된 스토아학파의 주장으로 보이는데, 스토아학파가 이런식의 비판에 쉽게 노출되었을지는 논의의 여지가 있다.

186 "이것들"은 '운명에 따라 생기는 것들과 반대되는 것들'이므로 "이것들과 반대되는 것들"은 결국 '운명에 따라 생기는 것들'이다.

187 스토아학파 철학자들. 이하 모든 발췌 부분들에서 '그들'은 논란의 여지가 있는 곳도 있지만 느슨한 의미에서 스토아학파 철학자들로 볼

수 있다.

188 "그것들"은 운명에 따라 생기는 것들과 반대되는 것들을 말한다.

189 스토아학파 철학자들이 결정론적 세계관을 신봉함에도 불구하고 양립 가능한 것으로 주장하는 '우리에게 달린 것(eph'ēmin)'이 실상은 '우리를 통해서 생기는 것(di'hēmōn)'일 뿐이라는 알렉산드로스의 비판이다. 알렉산드로스는 '우리에게 달린 것'의 요체가 '우리가 어떤 행위를 할 때 그 반대의 행위도 할 수 있음'에 있다고 보기 때문에 결정론적 세계관은 '우리에게 달린 것'을 원천적으로 구제할 수 없다고 생각한다. 키케로 역시 『운명론』 39절 이하에서 결정론적 세계관은 크뤼시포스의 정교한 논의조차 '우리의 능력 안에 있는 것(in nostra potestate)', 즉 '우리에게 달린 것'을 구제하지 못한다고 비판한다.

190 "우리를 통해서(dia) 생기는 것이"는 181.14행에서 Sharples(1983)처럼 'to ginomenon〔kai〕di'hēmōn'로, 즉 'kai'를 빼고 읽었다.

191 이하 발췌 부분들 모두에서 '본성(physis)'은 '자연(physis)'과 동일한 의미다. 우리말의 자연스러움을 위해 맥락에 따라 '본성' 또는 '자연'으로 번역했지만, 예를 들어 '돌의 본성'이라고 할 때도 그 말은 '돌이 갖는 자연'이라는 의미임을 염두에 둘 필요가 있다.

192 "이런 식으로 〔움직여지는〕 본성을 가진 것이"는 A. Gercke(1885)의 수정에 따라 181.24행의 'to mē pephykos houtōs' 대신 'to dē pephykos houtōs'로 읽었다.

193 "무게를 … 때문입니다"는 H. von Arnim(1900)의 수정에 따라 181.27행의 'tōi barytēta' 대신 'tōi 〔gar〕 barytēta'로 읽었다.

194 "이것들에도"는 P. L. Donini(1969)의 수정에 따라 182.14행의 'tois' 대신 'toutois'로 읽었다. "이것들"은 '동물들'이다.

195 "어떤 원인에"는 G. Rodier(1901), P. L. Donini(1969)의 수정에 따라 182.18행에서 'tina 〔aitian〕'으로 읽었다.

196 즉, 동물들의 운동.

197 즉, 영혼이 없는 것들의 운동.

198 이 부분은 외적 원인에 따른 인과 관계의 필연적 연쇄를 부정한다면 원인 없는 운동이 도입될 수밖에 없어서 불합리함에 봉착하게 될 것이라고 생각하는 스토아학파 철학자들을 알렉산드로스가 비판하는 내용이다. 외적 원인에 따른 인과 관계의 필연적 연쇄가 부정되어도 원인 없는 운동이 도입될 필요가 없고, 인간의 내적 원인이 그런 사태를 설명할 수 있기 때문이다. 키케로 역시 『운명론』 44~45절에서 비슷한 종류의 비판을 전한다.

199 즉 스토아학파 철학자들. 이들은 '누군가 동일한 주변 상황에서 어떤 때는 이렇게, 다른 때는 저렇게 행동한다면 원인 없는 운동이 도입된다'라는 전제를 세우고, '원인 없는 운동이 도입되는 것은 불합리하다'라는 것을 근거로 삼아 '아무도 동일한 주변 상황에서 어떤 때는 이렇게, 다른 때는 저렇게 행동하지 않는다'라는 결론을 끌어냈다.

200 스토아학파의 인과론에 대한 설명이 등장하는 대표적인 부분이다. 스토아학파는 여러 가지 종류의 원인들을 구별한 것으로 잘 알려져 있는데, 키케로 역시 『운명론』 41~43절에서 크뤼시포스가 도입한 원인들의 구별을 전한다.

201 '운영을 … 갖는다'라는 표현이 우리말에 썩 자연스럽지 않음에도 이렇게 번역한 이유는, 스토아학파의 우주론에서 만유를 운영하는 주체가 우주 자체라기보다 우주 '안에' 있는 '살아 있고 이성적이며 지성적인 자연'이기 때문이다.

202 "이것들 다음에 생기는 것들에게 원인"이라는 표현을 '이것 다음에 생기는 것들의 원인'이라는 의미로 쉽게 단정하면 곤란하다. 알렉산드로스가 스토아학파 인과론의 정교한 표현 방식을 얼마나 신중하게 따르고 있는지는 평가의 영역이지만, 적어도 우리는 다른 증언들(대표적으로 알렉산드리아의 클레멘스, 『학설집』 8.9.30.1~3)을 통해 스토아학파의 인과론에서 "'물체 A'는 '물체 B'에게 'B에게 속한 속성(혹은 사건), 즉 C'의 원인이다"라는 구문적 형식으로 원인들(A, B)과 결과 (C) 혹은 물체들(A, B)과 비물체(C)의 관계가 표현된다는 것을 알고

있다. 클레멘스의 예를 그대로 인용하자면 '칼은 살에게 베임의 원인'이고, '살은 칼에게 벰의 원인'이다.

203 'aiei'를 앞선 구절이 아니라 A. A. Long & D. N. Sedley(1987)처럼 이어지는 구절에 연결해서 읽었다. 이 경우 쉼표는 'aiei' 앞에 찍힌다.

204 "그런 것"은 앞서 설명한 바대로 필연적인 관계로 묶인 원인들의 연쇄로 이루어진 것을 말한다.

205 즉, 무슨 일이든 그 원인이 '명백하게' 존재하는 방식으로.

206 "성향적 원인"은 스토아학파의 인과론에 관련된 다른 어느 증언들에서도 보고되지 않는 원인이기에 정확히 무엇을 가리키는지 이해하기 어렵다. '유지하는(sustaining) 원인'으로 번역하는 것이 가장 무난하겠지만, 이 경우 '결속적 원인'과의 역할 구별이 선명하지 않아 여전히 모호하다는 비판을 무릅쓰고 '성향적 원인'으로 옮겼다. 사본에 있는 'aktika'를 택하는 번역자(P. Thillet(1984))도 있지만, 이 경우에는 심지어 'aktika'라는 그리스어 단어 자체가 이곳에서만 유일하게 증언되는 것(hapax legomenon)이라 문헌학적으로 더 큰 부담을 질 뿐, 그렇다고 철학적으로 더 나은 이해가 가능한 것 같지 않다.

207 "낱낱이 언급하며"는 H. von Arnim(1900)의 수정에 따라 192.20행의 'paratithemena' 대신 'paratithemenon, alla'로 읽었다.

208 즉, 주변 상황이.

209 "우리에게 달린 것"이란 선택의 자유, 즉 어떤 것을 행하지만 그 반대의 것도 할 수 있는 능력이 우리에게 있는 것을 의미한다고 생각하는 자들에 대한 어떤 결정론자들(아마도 스토아학파 철학자들)의 반론인 것으로 보인다.

210 우리가 그 반대의 것도 할 수 있는.

211 즉 스토아학파의 견해처럼 덕이 유일하게 좋은 것이고 악덕이 유일하게 나쁜 것이며, 인간 외에 다른 동물들은 덕과 악덕을 가질 수 없고, 인간들 중에서 덕을 가진 좋은 자, 즉 현자는 극소수이지만 대부분의 인간들은 나쁜 자들이면서, 그 나쁜 자들 사이에는 나쁨의 정도

차이가 존재하지 않는다면.

212 스토아학파 철학자들이 자주 사용하는 '더미 논변(Sorites argument)'의 형식과 부정(否定)된 연언 명제들로 이루어진 논변으로서, 운명의 존재와 도덕적 책임의 유무가 양립 가능함을 보이고자 하는 논변이다.

213 '스토아학파가 생각하는 그런 종류의', 즉 '모든 것들에게 필연적으로 생기는'.

214 "운명은 그런 것인데 숙명은 존재하지 않는 것은 아니고"는 다시 말해 "'운명은 그런 것인데 숙명은 존재하지 않는다'라는 것은 아니다"라는 말이고, '~(p∧~q)' 형식의 연언 부정(否定) 명제다. 우리의 논리적 기준에서는 '만일 운명이 그런 것이라면 숙명이 존재한다'라는 조건 명제와 동치인 명제다. 스토아학파 역시 이 동치 관계를 받아들이고는 했지만, 키케로의 『운명론』 15~16절에서도 그 배경으로 암시되고 있듯 스토아학파는 참인 조건 명제의 기준에 관해 연언 부정 명제와의 동치 관계보다 더 강한 조건들을 제시하기도 했다. 따라서 위의 논변을 구성하는 각각의 연언 부정 명제를 조건 명제로 바꾸어 읽을 수 있는지에 관해서는 다소 신중해야 할 필요가 있다.

215 "언급된 모든 것들"은 R. Hackforth(1946)의 수정에 따라, 207.19행의 'apeirētai men einai' 대신 'haper eirētai menei panta'로 읽었다.

작품 안내

로마가 낳은 진정한 자유인

마르쿠스 툴리우스 키케로는 기원전 106년 1월 3일에 로마에서 동남쪽으로 약 120킬로미터 떨어진 아르피눔에서 태어났다. 형제로 동생 퀸투스 툴리우스 키케로(Quintus Tullius Cicero, 기원전 102년~ 기원전 43년)가 있다. 그의 집안은 기사 계급에 속했다. 귀족 계급이 거의 모든 고위 관직을 독차지하고 있던 상황에서 두 아들의 출세를 바란 아버지는 정치적 활동에 필요한 학문을 익히도록 키케로를 동생과 함께 로마로 보냈다. 키케로는 당대의 유명한 법률 자문가이던 퀸투스 무키우스 스카이볼라 밑에서 로마법을 배웠고, 에피쿠로스주의자인 파이드로스와 시돈의 제논, 스토아 철학사인 디오도토스와 교류했다. 신아카데미아학파를 이끌던 라리사의 필론이 로마에 왔을 때, 그의 강의를 듣기도 했다.

키케로는 스물여섯 살이던 기원전 81년에 변호사로서 활동하기 시작했다. 그는 기원전 80년에 부친 살해 혐의로 고발된 로스키우스를 변호하여 무죄 판결을 받게 했고, 술라의 측근이자 로스키우스를 부당하게 고발한 크뤼소고누스를 부패 혐의로 기소했다. 기원전 79년에는 아테나이와 로도스로 떠났다. 그것은 크뤼소고누스의 기소 건으로 유발된 술라의 분노를 피하고자 했던 것으로 보인다. 그는 기원전 77년까지 아테나이에서 안티오코스의 강의를 듣고 로도스에서는 포세이도니오스의 강의를 들으면서 철학과 연설술을 공부했다.

키케로는 기원전 75년에 시킬리아에서 재무관으로 공직 생활을 시작했다. 기원전 70년에는 총독으로서 시칠리아 주민을 약탈한 가이우스 베레스의 사건을 맡았다. 이 소송에서 승리한 그는 로마 최고의 변호사로서의 역량을 스스로 입증했다. 귀족 가문 출신이 아니고서는 고위 공직에 오르기 어려웠던 당시 상황에서 그의 탁월한 연설 능력은 정치적 성공의 발판이 되었고, 급기야 기원전 63년에는 최고 관직인 집정관으로 선출되었다. 집정관 재임 시 카틸리나의 국가 반역 음모를 적발하고 진압했으며, 이 공로로 '국부'로 칭송받기도 했다.

카이사르는 기원전 60년에 폼페이우스, 크라수스와 연합해 제1차 삼두정을 수립하고 로마 정치를 장악했다. 그들은 키케로의 인기와 능력을 인정해 그를 합류시키려고 노력했지만, 키케로는 정치적 신념의 차이로 그들의 제안을 거절했다. 이 때문에 그는 기원전 58년 1월에 카이사르의 추종자이던 호민관 클로디우스 풀케르의 공격을 받았다. 카탈리나 사건의 공모자들을 체포해 재판 없이 사형에 처한 것이 빌미가 되었다. 시민권이 박탈되고 재산도 몰수되는 상황에서 키케로는 마케도니아로 도망쳤다.

1년 반의 망명 동안 정치 상황은 바뀌었고, 이듬해 9월에 지지자들의 도움으로 다시 로마로 돌아왔다. 하지만 바로 정계로 복귀하지는 못했다. 이것이 오히려 그에게 이후 수년 동안 정치와 거리를 두면서 주로 저술 활동에 매진할 수 있는 계기가 되었다. 기원전 55년에 『연설가론(*De oratore*)』, 기원전 54년에 『연설문의 구성(*Partitiones oratoriae*)』, 기원전 52년과 51년에 각각 『법률론(*De legibus*)』과 『국가론(*De re publica*)』을 저술했다.

키케로는 기원전 51년부터 이듬해까지 킬리키아 총독으로 다시 정치적 활동을 재개했고, 기원전 49년에는 카푸아 총독으로 파견되어 로마를 떠났다. 기원전 49년에 있었던 카이사르와 폼페이우스 간의 내전에서 그는 폼페이우스 편에 가담했다. 기원전 48년 8월 9일 파르살루스 전투에서 폼페이우스가 카이사르에게 패하자 키케로의 운명은 카이사르의 손에 달리게 되었다. 천만다행으로 키케로는 카이사르로부터 특별 사면을 받아 이탈리아로 돌아올 수 있었다. 카이사르의 독재를 보며 그는 정치에 회의를 느꼈고, 기원전 45년에는 그가 유독 아끼던 딸 툴리아까지 잃었다.

개인적인 고통과 슬픔 속에서 그는 더욱더 철학에 몰두했고 저술에 주력했다. 기원전 46년에 『브루투스(*Brutus*)』, 『연설가(*Orator*)』, 『스토아 철학의 역설(*Paradoxa Stoicorum*)』, 기원전 45년에 『위안(*Consolatio*)』(유실), 『호르텐시우스(*Hortensius*)』(유실), 『아카데미아학파(*Academica*)』, 『최고선악론(*De finibus bonorum et malorum*)』, 『투스쿨룸 대화(*Tusculanae disputationes*)』, 『신들의 본성에 관해(*De natura deorum*)』, 기원전 44년에 『점술에 관해(*De divinatione*)』, 『노(老)카토 노년론(*Cato maior de senectute*)』, 『운명론(*De fato*)』, 『라일리우스 우정론(*Laelius de amicitia*)』, 『덕에 관해(*De virtute*)』(유실), 『영광에 관해(*De gloria*)』(유실), 『의무론(*De officiis*)』, 『토피카(*Topica*)』 등을 저술했다.

기원전 44년 3월 보름에 카이사르가 암살되었다. 정국은 혼란에 휩싸였고, 키케로는 공화정을 회복할 수 있는 절호의 기회를 얻었다. 그는 카이사르의 양자이자 법정 상속인인 옥타비아누스(훗날 로마제국의 초대 황제 아우구스투스)를 지지했고, 카이사르의 정치적 후계자였던 안토니우스와 대립했다. 그는 기원전 44년 9월 2일부터 기원전 43년 4월 21일까지 원로원에서 '필리포스 연설(*Orationes Philippicae*)'로 불린 일련의 연설을 통해 안토니우스 탄핵을 주장했다. 기원전 43년 11월 26일에 안토니우스와 옥타비아누스는 화해하고 레피두스와 제2차 삼두정에 합의했다. 안토니우스를 제거하려는 키케로의 시도는 실패로 끝났고, 이로써 비극적 운명이 그를 기다리고 있었다. 기원전 43년 12월 7일, 키케로는 안토니우스 일파의 숙청을 피해 달아나던 중 체포되었다. 그는 저항하지 않은 채 추격자들에게 당당히 목을 내밀었다. 그들은 그를 죽인 뒤 참수했다. 잘린 목과 손은 로마 광장에 내걸렸다.

키케로는 정치적 격변기를 살면서 끝까지 공화정의 재건을 꿈꾸었다. 그는 자신의 삶을 단순히 자신에게 운명적으로 주어진 것으로 이해하지 않았다. 그는 정치적 결단이 필요한 순간마다 목숨을 걸고 자신에게 최선의 것을 선택하고 감당했던 로마의 진정한 자유인이었다. 주체로서 인간의 자유를 시대의 새로운 이념으로 부르짖으며 중세의 암흑기를 거슬러 고대 그리스와 로마로 되돌아가고자 했던 르네상스의 시기에 휴머니스트의 전형으로 가장 많이 연구되고 주목과 존경을 받았던 철학자가 위대한 로마의 연설가였던 키케로라는 것도 결코 우연이 아니다. 자연과의 일치 속에서 신적 운명에 따르는 삶을 강조한 스토아주의를 거부하면서 자유를 윤리적 삶의 필수 요소로 역설하는 그의 『운명론』은 어떻게 보면 현실 권력과 타협하지 않고 신념에 따라 미결정의 미래를 스스로 결정해 갔던 자신의 삶에 대한 철학적 회고록이자 고백록이었다.

키케로는 왜 자신의 정적과 대화했을까

『운명론』에서 키케로의 대화 상대로 등장하는 인물은 아울루스 히르티우스다. 그의 출생 연도는 대략 기원전 90년으로 추정된다. 히르티우스는 카이사르의 충복이다. 갈리아 전쟁에 참전하기도 했고, 총 여덟 권으로 된 카이사르의 『갈리아 전기』 제8권을 발부스의 요청으로 쓰기도 했다. 카이사르는 죽기 전에 히르티우스를 집정관으로 지명했다. 히르티우스는 카이사르 사후 기원전 43년 1월 1일부로 원로원의 추인을 받아 집정관에 취임했다. 그와 함께 집정관으로 임명된 사람은 가이우스 비비우스 판사(Gaius Vibius Pansa)였다.

카이사르가 기원전 44년 3월 15일에 암살된 후 안토니우스와 옥타비아누스는 정치적으로 대립했다. 처음에 히르티우스는 안토니우스의 편에 섰다. 그런데 기원전 44년 11월 20일에 원로원은 안토니우스에 의해 포위된 브루투스를 구하는 명분으로 파병하기로 했다. 여기에는 반안토니우스 진영에 속한 키케로의 강력한 요청과 압박이 있었다. 결국 히르티우스가 군대를 이끌고 판사가 군대의 추가 징병을 맡도록 결정되었다. 집정관 취임 후 건강이 악화되었음에도 히르티우스는 이 결정에 따랐다. 마침내 기원전 43년 4월 21일, 무티나 근처에서 전투가 벌어졌다. 안토니우스를 밀어내고 브루투스를 구출할 수 있었지만, 승리에는 큰 대가가 따랐다. 히르티우스는 전투에서 쓰러졌고, 판사는 전투에서 입은 부상으로 불과 며칠 후 죽었다.

히르티우스는 키케로와 개인적인 교분이 있었다. 키케로는 그를 "가장 친한 친구"라고 말하고, 연설술에 대한 그의 관심도 높이 평가했다(2절). 하지만 키케로가 왜 하필 히르티우스를 대화 상대로 선택했는지는 그리 분명해 보이지 않는다. 키케로는 확고한 공화주의자였다. 반면 히르티우스는 충성스러운 공화주의자도, 귀족도, 전문적인 철학자도 아니었다. 물론 카이사르의 다른 추종자보다는 온건했지만 근본적으로는 전제적 통치를 지지한 정파의 일원이었다.[1] 개인적 관계에서 키케로에게 호의적 태도를 보였더라도 정치적 관점에서는 카이사르의 독재를 보좌한 히르티우스는 키케로의 정적에 가깝다. 히르티우스가 정치적 색채를 띠지 않은 순수 철학서인『운명론』에서 할 수 있는 역할은 없어 보인다.

게다가『점술에 관해』에서 키케로의 동생 퀸투스는 '모든 것은 운명에 의해 일어난다(fato omnia fiant)'는 주제를 다른 곳에서 다루고 싶다고 말한다(127절). 이는 키케로가 본래『운명론』을 퀸투스와 함께 찬반 양편으로 나누어 토론하는 철학적 대화편으로 쓰고자 계획했음을 시사한다. 키케로의 이 계획에 어떤 정치적

---

1 M. Schallenberg(2008), p. 36.

의도가 개입되어 있을 여지는 있다. 운명을 긍정하는 논변과 운명을 부정하는 논변을 나란히 전개하고 회의주의자답게 논쟁의 최종적 결론을 도출하기보다는 독자에게 '계속되는 탐구'의 필요성을 권고하고자 했다. 그렇다면 키케로는 왜 『운명론』에서 이 계획을 갑자기 철회하고 찬반 양측에서 전개되는 '연속적 연설'의 방식을 택하지 않았을까? 왜 퀸투스 대신 정치적으로 그와 대척점에 있었던 히르티우스를 대화 상대로 택했을까? 우리는 키케로의 다음과 같은 언급에서 답변의 실마리를 찾을 수 있다.

나는 신들의 본성을 다룬 다른 저술들뿐만 아니라 점술에 관해 내가 출판한 저술들에서도 누구나 가장 개연적인 것으로 보이는 것을 좀 더 쉽게 (발견하고) 받아들일 수 있도록 (주어진 논제에 대해 찬성과 반대의) 두 편에서 각각 연속적 연설이 이루어지도록 했습니다. 하지만 운명에 관한 이 논의에서는 어떤 예상하지 못한 사건으로 그렇게 하지 못했습니다.

–『운명론』1절

키케로는 저술의 문학적 형식을 변경한 이유로 "어떤 예상하지 못한 사건"을 언급했다. 이 사건은 바로 '율리우스 카이사르의 사망'이다. 여기서 우리는 『운명론』에 퀸투스가 아닌 히르티우스를 등장시킨 배경에 순수한 학문적 동기가 아니라 어떤 정치적 고려가 놓여 있음을 알 수 있다.

사실 키케로에게 카이사르의 죽음은 그의 정치적 이상인 공화제의 재건을 위한 마지막 기회였다. 키케로는 옥타비아누스와 모든 카이사르 추종자를 공화주의의 대의로 끌어들여 옛 공화제를 복원하려는 계획을 추진했고, 안토니우스에 맞서 영향력 있는 지지자를 가능한 한 많이 확보하고자 했다. 누구보다도 카이사르 생전에 국가 최고 관직인 집정관에 지명된 히르티우스와 판사의 역할이 중요했다. 하지만 그들은 공화주의자가 아니었고, 카이사르파 사람이었다. 키케로의 입장에서는 이들을 어떤 식으로든 회유할 필요가 있었다.

키케로는 기원전 44년 4월 17일에 푸테올리에 있는 자신의 별장에 도착했다. 4월 말에 그 근처에 있었던 두 명의 집정관 지명자는 별장을 방문했고, 5월 14일에도 키케로는 푸테올리로 히르티우스를 초대해 같이 식사했다. 그들은 당시 정치적 상황에 관해 대화를 나누었다. 그들은 서로의 정치적 견해차를 좁혔지만, 키케로는 히르티우스에 대한 자신이 설득이 충분하지 않다고 느꼈다. 키케로에게는 히르티우스를 확실한 정치적 동지로 만들 수 있는 또 하나의 기획이 필요했다. 그 기획이 바로 『운명론』이다. 5월 17일, 키케로는 푸테올리를 떠나 각지를 여행했고, 6월 중순부터 말까지 투스쿨룸의 별장에 머물렀다. 키케로는 『운명론』을 푸테올리의 별장과 투스쿨룸의 별장에서 머물렀던 두 시기 사이에 저술했을 것으로 추정된다.[2] 내략 기원전 44년 5월이나 늦어도 6월에 썼다.

키케로는 연설 방식 말고도 대화 상대를 퀸투스에서 히르티우스로 바꾸었는데, 이는 공화국의 재건에 동참하기를 희망하며 키케로가 히르티우스에게 보인 호의와 호소의 표시였다. 히르티우스는 키케로와의 교류를 통해 그와 더욱 가까워졌고, 키케로도 '필리포스 연설'에서 국가를 위한 히르티우스의 업적을 우호적인 어조로 칭송했다. 히르티우스는 "키케로가 자신의 저서 중 하나에서 대화 상대로 등장시킨 최초의 카이사르 추종자"[3]가 되었다.

키케로의 '로비'는 결과만 놓고 보면 성공했다. 안토니우스를 제거하고자 한 그의 의도대로 히르티우스는 안토니우스를 진압하라는 원로원의 결의를 목숨을 걸고 수용했다. 인간의 자유의지와 도덕적 책임을 강조하는 『운명론』을 통해 키케로는 히르티우스가 로마의 미래를 위해 위대한 결단을 스스로 내리기를 촉구했

---

2 『운명론』에는 이 책의 저술 시기를 가늠할 수 있는 언급이 세 가지가 있다. 하나는 키케로가 푸테올리의 별장에 있을 때 히르티우스가 근처에 머물렀고 그를 방문했다는 것이다. 이 시기는 기원전 44년 4~5월이다. 다른 하나는 '율리우스 카이사르의 사망'에 대한 언급이고, 마지막으로는 '집정관 지명을 받았던 나의 친구 히르티우스'라는 언급이다. 카이사르가 기원전 44년 3월 보름에 암살되었고, 히르티우스가 판사와 함께 집정관에 취임한 것이 기원전 43년 1월 1일이었으니, 『운명론』은 이 사이에, 특히 히르티우스가 푸테올리의 별장에 방문해 대화를 나눈 직후에 쓰였을 것이다.

3 M. Schallenberg(2008), p. 38.

는지도 모르겠다. 어쨌든 시신으로 로마에 돌아온 히르티우스를 보고 반운명론자이자 회의주의자였던 키케로는 그의 죽음을 태어나면서부터 그에게 주어져 있던 불가피한 운명의 소산이 아니라 미지의 미래를 향한 주체적 결단의 영예로운 성취로 생각했을 것이다. 얼마 후 그 자신도 비참한 최후를 맞이했더라도 말이다.

유사 대화편으로서 『운명론』

키케로는 주로 두 시기에 집중적으로 저술 활동을 했다. 첫 번째 시기는 기원전 58년에 마케도니아로 도피한 후 이듬해 로마로 돌아와 플라톤의 철학적 정치를 꿈꾸며 저술했던 기원전 55년부터 기원전 51년까지다. 두 번째 시기는 카타리나 사건의 여파로 마케도니아로 피신한 후 로마로 돌아와 인식론, 논리학, 윤리학, 신학 등의 주제를 광범위하게 다룬 저술을 펴낸 기원전 46년부터 기원전 44년까지다. 이 두 번째 시기에 키케로는 특히 신과 신적 섭리의 존재 등에 관한 고대 학파들의 교조적 견해를 신아카데미아학파의 회의주의적 입장에서 비판적으로 고찰하는 3부작을 연이어 저술했다. 그중 첫째 것이 『신들의 본성에 관해』이고, 다음 것이 『점술에 관해』이며, 마지막 것이 『운명론』이다.

키케로의 철학적 저술은 대체로 대화 형식으로 쓰였다. 이는 그가 가장 위대한 철학자로 여긴 플라톤에 대한 존경심을 반영한다. 하지만 그는 플라톤과 다르게 특정 주제에 대한 연설을 찬반 양측에서 전개하는 방식으로 작품을 구성했다. 그의 작품은 특정 견해의 진위를 최종적으로 결정짓는 데 적합하지 않고, 찬반 주장의 양 측면 모두를 고려해 독자가 그 개연성을 스스로 판단하고 평가하는 데 적합하다. 이러한 특징은 신아카데미아학파의 회의주의가 키케로에게 끼친 영향을 잘 보여 준다. 키케로에게 최고의 철학은 학설(dogma)의 진리를 선언하는 철학이 아니라 진리에 관한 탐구(skepsis)의 계속을 촉구하는 철학이기 때문이다.

『신들의 본성에 관해』와 『점술에 관해』는 전형적인 키케로의 철학적 대화편이다. 키케로는 독자가 가장 개연적인 것으로 보이는 것을 좀 더 쉽게 발견하고 받아들일 수 있게끔 논제에 대해 찬성과 반대의 '두 편에서 각각 연속적 연설이 이루어지도록' 작품을 구성했다. 『운명론』도 일종의 대화편이다. 이 역시 키케로와 히르티우스 사이의 대화에서 시작한다. 하지만 거기까지다. 도입부 이후부터 대화는 없고, 키케로의 일방적 연설만 있다. 키케로는 상반된 입장의 토론자가 각자의 관점에서 찬성 논변과 반대 논변을 연속적으로 펼치는 토론의 형식을 적용하지 못했다고 고백한다(1절).

사실 『점술에 관해』에서 키케로는 그의 동생 퀸투스로 하여금 '모든 일이 운명에 의해 일어난다'는 문제는 다른 책에서 검토할 것이라고 말하게 한 바 있다.[4] 만일 퀸투스가 말한 책이『운명론』
이라면 키케로는『점술에 관해』를 썼을 당시『운명론』역시 찬반
토론의 형식을 갖춘 두 권의 책으로, 즉 첫째 권에서는 퀸투스로
하여금 운명에 관한 찬성 논변을 펼치게 하고 둘째 권에서는 그
자신이 운명론(Fatalismus)에 대한 반대 논변을 펼치는 방식으로
쓰고자 했던 것으로 보인다.[5]

하지만 키케로는 자신의 이 계획이 모종의 방해("어떤 예상하지
못한 사건") 때문에 틀어졌다고 말한다. 어떤 방해가 있었는지를
그가 직접 명시적으로 말하지는 않지만, 이어지는 언급을 보면
카이사르의 암살이 가져온 정치적 상황의 변화와 관련된 것처럼
보인다. 그가 퀸투스 대신 한때 카이사르의 열렬한 추종자였던
히르티우스를 대화 상대로 등장시킨 것도 이 정치적 사건과 연
관된 것처럼 보인다.[6] 아무튼 히르티우스는 키케로에게 자신이
제안한 논제에 반론을 제시하는 방식으로 연설하도록 요청하고,
키케로는 곧바로 이 요청을 수락한다. 이로써『운명론』은 논제를
찬반 양측이 아니라 오직 반대 측에서 논변하는 형식을 띠게 되
고, 대화에 참여하는 자의 역할도 달리 규정된다.

도입부에서는 키케로와 히르티우스가 동등한 위치에서 말을

4　『점술에 관해』1권 127절 또는 2권 19절과 비교.
5　H. Weidemann(2019), p. 165; M. Schallenberg(2008), p. 35 이하 참조.
6　H. Weidemann(2019), p. 167; M. Schallenberg(2008), p. 37 이하 참조.

주고받지만, 이후 전개부와 종결부에서는 두 사람 긴의 대화가 없다. 그런 의미에서『운명론』은 온전한 의미의 '대화편'이 아니라 일종의 '유사 대화편'이다.[7] 키케로는 교사가 학생을 가르치듯 대화 상대인 히르티우스에게 연설하고, 그 자신은 운명에 대해 반대 논변을 펼치면서 히르티우스에게는 자기 자신과 반대되는 관점에서 운명에 대한 찬성 논변을 전개하는 역할을 부여하지 않는다. 히르티우스는 논제에 대해 찬성이나 반대를 표명하는 자가 아니라 논제의 제안자일 뿐이고, 단순히 키케로 연설의 경청자일 뿐이다.[8] 키케로는 두 토론자 각자가 자신의 관점에서 연속적 찬반 토론을 진행하는 형식이 아닌 학생의 견해에 선생이 반박하는 형식을『투스쿨룸 대화』에서도 채택했다.[9]

운명의 자연적 위력 앞에서

『운명론』에는 네 군데의 누락 부분이 있다. 가장 앞의 일부와 가장 뒤의 일부가 통째로 빠져 있어 작품의 전체적인 내용을 개관하고 구조를 완벽하게 재구성하기는 쉽지 않다.[10] 현존하는

---

7   M. Pohlenz(1912), p. 22 참조.

8   H. Weidemann(2019), pp. 8~11; R. W. Sharples(1991), pp. 3~6 참조.

9   『운명론』4절;『투스쿨룸 대화』1권 p. 8 이하 참조.

10   작품의 전체적 구조와 배치에 관한 다양한 해석에 대해서는 M. Schallenberg

『운명론』은 총 48절로 구성되어 있고, 도입부와 전개부와 종결부의 전형적 연설 형식으로 짜여 있다. 도입부는 1~4절까지로, 키케로와 히르티우스의 대화가 포함되어 있다. 전개부는 5~45절까지이며, 히르티우스를 향한 키케로의 강의 방식의 연설이 포함되어 있다. 종결부는 46~48절까지이고, 전개부와 마찬가지로 키케로의 일방적 연설이 포함되어 있다.

도입부는 두 부분으로 구성되어 있다. 1a절에서 키케로는 운명에 관한 탐구가 자연학과 논리학과 윤리학이라는, 그리스에서 유래한 철학의 탐구 영역과 관련되어 있음을 밝힘으로써 운명의 문제에 접근하는 다양한 철학적 시각이 있음을 시사한다. 1b~4절에서는 『신들의 본성에 관해』와 『점술에 관해』의 것과 구별되는, 이 철학적 대화편 고유의 문학적 형식을 밝히고, 대화 상대인 히르티우스에게는 논제를 제안하는 역할을, 그리고 자신에게는 『투스쿨룸 대화』에서처럼 제시된 논제에 "반론을 펼치며 토론하는 아카데미아 철학자들의"(4절) 역할을 부여한다.

전개부는 모든 일은 운명에 의해 일어난다는 스토아 철학자들의 주장을 자연학과 논리학과 윤리학의 세 관점에서 비판적으로 검토하는, 키케로의 세 차례 연설로 이루어져 있다. 첫 번째 연설에서 키케로는 스토아학파 자연학의 중심에 놓여 있는 이른바

(2008), p. 77 이하 참조.

'결속(sympatheia, contagio)' 이론, 즉 자연에서 발생하는 모든 사건들은 영원한 인과적 연쇄로 묶여 있다는 이론을 비판적으로 고찰한다.

5~6절에서의 첫 번째 비판 대상은 중기 스토아학파를 대표하고 한때 키케로를 가르치기도 했던 아파메이아 출신인 포세이도니오스의 이론이다. 키케로는 포세이도니오스가 제시한 여러 사례를 소개하는데, 이들 사례는 공통으로 점술과 점성술에 기반해 죽음이 예언된 인물들에 관한 것이다. 포세이도니오스는 이 사례들을 자연 속 모든 사건은 운명에 의해 발생한다는 입장을 정당화하는 근거로 사용하지만, 키케로는 이 사례들을 정당화하기 위해 운명의 존재를 가정할 필요가 없음을 지적하며 이렇게 결론 맺는다.

운명을 끌어들이지 않고도 모든 일이 자연이나 우연에 의해 합리적으로 설명될 수 있다면 우리에게 운명을 강요해 봐야 무슨 소용이 있겠는가?

－『운명론』 6절

7~11a절에서의 두 번째 비판 대상은 스토아 철학을 이론적으로 체계화하고 집대성한 솔로이의 크뤼시포스다. 지역의 자연적 특성의 차이처럼 인간의 자연적 특성의 차이도 선행하는 원

인으로부터 발생한다는 크뤼시포스의 주장에 대해 키케로는 선행하는 원인으로부터 지역이나 인간의 특성의 차이가 생길 수는 있더라도 그것이 지역이나 인간의 특성 차이를 발생시키는 주된 원인은 아니라고 비판하면서 이렇게 말한다.

> 영민한 자도 우둔한 자도 선행 원인에 의해 그런 성향의 사람으로 태어나고 덩치 큰 자도 왜소한 자도 선행 원인에 의해 그런 체형의 사람으로 태어난다고 하더라도 그들이 앉고 걷고 뭔가를 행하는 것 또한 어떤 주도적 원인에 의해 규정되고 결정된다는 것은 따라 나오지는 않네.
> ─『운명론』9절

인간사가 적어도 어떤 측면에서는 우리에게 달려 있다는 것을 기본적으로 전제하는 키케로의 시각에서 보면 점술에 근거해 운명의 자연적 위력을 수용하는 것은 자연적으로 생긴 성향이나 기질을 인간의 의지와 노력과 훈련으로 극복할 수 있다는 자명한 사실을 부정하는 것만큼 불합리한 것이다.

자연의 필연과 인간의 자유

키케로의 두 번째 연설은 11b~38절까지 이어진다. 첫 번째 연설에서 '결속'이라는 가설을 통해 운명을 자연학적으로 정초하는 포세이도니오스와 크뤼시포스를 비판 대상으로 삼았다면, 두 번째 연설에서는 미래 시점 예언적 진술의 참과 진술의 진릿값이 참이나 거짓의 두 값만을 갖는다는 '이가 원리(Bivalenzprinzip)'의 보편타당성을 통해 운명을 논리학적으로 정초하는 크뤼시포스의 방식을 디오도로스의 양상논리와 에피쿠로스의 소위 이탈(declinatio) 이론과의 비교를 통해 비판적으로 검토한다.

11b~17a절에서의 비판 대상은 점술이나 점성술 자체가 아니라 점술의 존재로부터 운명의 존재를 도출하는 크뤼시포스의 양상이론이다. 11b~12절에서 키케로는 점술의 이론적 원칙을 '만약 어떤 사람이 천랑성이 뜰 때 태어났다면 그는 바다에서 죽지 않을 것이다'라는 전건과 후건이 결합된 조건문으로 제시하고, 조건문이 참인 한 과거의 이미 일어난 사건인 전건도 참이고 미래의 예언에 해당하는 후건도 거짓일 가능성이 없다는 사실에 근거해, 점술의 원칙으로부터 논리적으로 거짓 예언의 불가능성을 추론하면서 이렇게 말한다.

> 따라서 '파비우스는 바다에서 죽을 것이다'는 일어날 가능성이 없는 일에 속하네. 그러므로 거짓된 예언은 일체 일어날 가능성이 없는 일이지.
>
> - 『운명론』 12절

13~14절에서 키케로는 점술을 인정하면서 디오도로스와 마찬가지로 거짓 예언의 논리적 불가능성을 인정하는 크뤼시포스가 "오직 참되거나 참될 일만이 일어날 가능성"(13절)을 갖는다고 주장하는 디오도로스에게 반대하기 위해 "일어나지 않을 일역시 일어날 가능성"(13절)이 있다고 주장함으로써 거짓 예언, 즉 일어나지 않을 일에 대한 예언의 가능성을 인정할 수밖에 없고, 결과적으로 자기모순에 봉착함을 지적한다.

15~17a절에서 키케로는 자기모순에 직면한 크뤼시포스가 이모순을 해결하기 위해 점술의 원칙을 조건문(p→q) 대신 연언(~(p∧~q))의 형태로 표현하기를 제안하지만 "크뤼시포스가 칼다이아인들이 스토아 철학자들을 위해 받아들이기를 바라는"(16절) 이러한 표현 방식을 뛰어난 점성가였던 칼다이아인들 가운데 누구도수용하지 않을 것이라고 비난조로 말한다.

17b~20a절에서의 비판 대상은 미래 시점 진술의 참에 관한 디오도로스와 에피쿠로스의 견해다. 디오도로스는 운명의 논리적필연성을 주장하기 위해 미래 진술의 참과 미래 사건 발생의 불변성을 주장하지만, 키케로는 미래 진술의 참과 미래 사건의 불변성이 운명 자체를 함축하지는 않음을 다음과 같이 지적한다.

따라서 '에피쿠로스는 72년을 산 후 퓌타라토스의 집정관 시절에 죽을 것이다'는 언제나 참이었지만, 그런데도 왜 그런 일이 일어났는지

에 대한 운명적 원인은 없었고, 그런 일이 일어났기 때문에 확실히 그
것은 일어났던 그대로 일어날 일이었을 뿐이지.

－『운명론』 19절

다른 한편으로 에피쿠로스는 모든 일은 운명에 의해 필연적으
로 발생한다는 크뤼시포스의 운명론을 피하기 위해 원자의 경로
이탈이라는 이론적 가정을 도입하고 이가 원리를 미래의 우연적
사건에 적용하는 것을 거부함으로써 미래의 우연적 사건의 참을
거부한다. 하지만 키케로는 운명을 피하려고 이가 원리를 거부
할 필요도, 경로 이탈의 가정을 도입할 필요도 없다고 주장하면
서 다음과 같이 말한다.

왜냐하면 에피쿠로스는, 모든 진술이 참이거나 거짓이라는 것을 인정
하더라도 모든 것이 운명에 의해 필연적으로 발생한다는 것에 두려움
을 가질 필요가 없을 것이기 때문이지.

－『운명론』 19절

20b~21a절에서 키케로는 자연학과 논리학의 밀접한 연관성
을 토대로 운명을 정당화하는 크뤼시포스의 논변을 제시하고 운
명을 거부하는 에피쿠로스의 논변과 비교한다. 운명의 긍정과
부정을 두고 크뤼시포스와 에피쿠로스는 상반된 견해를 보이는

데, 이는 모든 진술은 참이거나 거짓이라는 이가 원리에 대한 그들의 긍정과 부정에 달려 있다.

"원인 없는 운동이 있다면 … 모든 진술이 참이거나 거짓이라 말할 수 없다"(20절)라는 주장에서 보이는 것처럼 크뤼시포스는 모든 일은 선행하는 원인을 가지고 있고 자연 속에는 원인들의 무한한 연쇄가 있다는 자연학적 원칙으로부터 이가 원리라는 논리학적 원칙의 보편타당성을 추론한다. 반면 모든 사건이 원인을 갖는다는 것을 수용하는 한 운명을 인정해야 한다고 생각한 에피쿠로스는 운명을 거부하기 위해 '원인 없는 운동'의 존재를 가정하고 이로부터, 특히 미래 진술과 관련해 이가 원리의 부당성을 추론한다. 키케로는 두 사람 모두와 일정한 거리를 취한다. 그는 크뤼시포스처럼 이가 원리를 긍정하지만 그렇다고 운명을 수용하지 않고, 에피쿠로스처럼 운명을 부정하지만 그렇다고 이가 원리를 부정하지 않는다. 그리고 크뤼시포스와 에피쿠로스의 상대적 우열을 비교적 관점에서 평가할 때는 다음과 같이 에피쿠로스의 손을 들어준다.

> 모든 일이 운명에 의해 일어난다는 것을 인정하느니 차라리 〔에피쿠로스가 스토아 철학자들에게 먹인〕 이 한 방을 받아들이겠네. 저 견해는 다소 논란의 여지가 있지만, 이것은 절대 용납할 수 없기 때문이지.
> ─『운명론』21절

21b~25절의 논의는 세 단계에 걸쳐 전개된다. 먼지 키케로는 이가 원리를 부정하지 않으면 크뤼시포스의 운명론을 받아들일 수밖에 없는 상황에 대한 에피쿠로스의 두려움을 간략하게 언급한다(21b절). 다음으로 원자들의 운동이 자연적, 필연적 방식으로 일어날 때 원자들로 이루어진 영혼의 자유가 상실될 것에 대한 에피쿠로스의 두려움을 설명하고, 경로 이탈에 관한 이론을 통해 '원인 없이' 이루어지는 영혼의 운동 가능성과 필연으로부터 영혼의 자유 가능성을 정초하는 에피쿠로스의 철학적 방식을 소개한다(22~23절). 마지막으로 '원인 없이'라는 에피쿠로스의 표현이 '아무 원인 없이'가 아니라 '외적인 그리고 선행하는 원인 없이'를 의미한다는 카르네아데스의 훨씬 더 통찰력 있는 분석에 근거하여 경로 이탈이라는 허구적 가설을 도입하기보다는 '원인 없이 발생하는 영혼의 운동'을 '아무 원인 없이 발생하는 영혼의 운동'이 아니라 '외적인 선행 원인 없이 발생하는 영혼의 운동'으로, 그리고 한 걸음 더 나아가 '외부가 아니라 그 본성 자체로부터 발생하는 영혼의 운동'으로 설명하는 것이 훨씬 더 좋았을 것이라는 점을 지적한다(23~25절).

에피쿠로스와 에피쿠로스주의자들을 보는 이러한 시각을 키케로는 다음과 같이 요약적으로 정리한다.

모든 자연철학자가 우리를 조롱하지 못하게 하기 위해서는 어떤 일이

'원인 없이' 일어난다고 말할 때, 우리는 또다시 구별해야 하고, 무게와 무거움으로 인해 운동하는 것이 개개의 원자 자체의 본성이며 이것 자체가 원자가 이런 식으로 움직이는 것의 원인이라고 말해야 하네. 마찬가지로 영혼의 자발적 운동도 원인을 외부에서 찾아서는 안 되지. 왜냐하면 자발적 운동은 그런 본성 자체 안에 가지고 있으며, 그래서 그것은 우리 능력 안에 있고 우리에게 달려 있기 때문이지. 그리고 그것은 원인이 없는 것이 아니네. 그것의 본성 자체가 바로 그것의 원인이니까.

– 『운명론』 25절

26~28a절에서 키케로는 이가 원리를 운명론의 토대로 인정하고 수용하는 크뤼시포스의 입장을 재검토한다. 미래에 일어날 일은 참일 수 있기 위해서 반드시 미래에 일어날 원인을 가져야 하므로 미래에 참되게 일어날 모든 일은 운명에 의해 일어나는 것이라고 주장하는 크뤼시포스를 향해 키케로는 미래 시점 진술을 "참인 진술로 만드는 원인은 우연적이며, 발생한 사건들의 본성과 우주에 내재한 것"(28a절) 아님을 지적하고 미래 시점 진술의 참이 운명에 의한 예정과 전적으로 무관함을 밝힌다.

28b~33절에서 키케로는 자연학과 논리학의 관점에서 정초된 스토아학파의 운명론에 대한 반론의 시도를 소개한다. 28b~29절에서 제시된 반론은 철학자들에 의해 '게으른 논변(argos logos, ignava ratio)'으로 불리는 것이다. 이 논변은 우리가 가령 질병의 회복을 운명으로 받아들일 때 질병의 회복을 위해 의사를 부르는 것과 같은, 우리 능력 안에 있는 모든 행위를 불필요하게 만든다는 점을 지적한다. 운명은 단적으로 우리의 삶에서 모든 활동을 제거한다는 것이다.

30절에서 키케로는 게으른 논변의 반운명론적 반론에 대한 크뤼시포스의 재반론을 소개한다. 크뤼시포스는 사건을 조건 없이 단순하게 발생하는 사건과 조건과 결부된 사건으로 구분한다. 이 구분에 따르면 게으른 논변의 고안자들이 예로 든 질병의 회복이라는 사건은 단순한 사건이 아니라 조건적 사건이다. 마치 올림피아 경기에서 레슬링 시합을 하는 사건은 레슬링 상대 없이 이루어질 수는 없다는 점에서 조건적 사건인 것처럼, 질병의 회복 역시 의사의 소환이라는 사건과 결부되어 발생하는 조건적 사건이라는 것이다. 이러한 조건적 사건을 크뤼시포스는 '공(共)운명적'이라 부른다. 그리고 키케로는 크뤼시포스의 이 '공운명성(confatalia)' 이론에 근거해 단지 사건의 '단순성'에 기초해 운명을 비판하는 '게으른 논변'을 '거짓 논변'으로 다음과 같이 규정한다.

'의사를 부르든 부르지 않든 당신은 회복할 것이다'는 잘못 추론된 것이라네. 의사를 부르는 것은 회복하는 것만큼이나 운명적[으로 정해진 것]이니까. 내가 앞서 말했듯이 이 사건들을 크뤼시포스는 '공운명적'이라 부른 것이네.

-『운명론』30절

31~33절에서 키케로는 게으른 논변보다 더 치밀하게 구성된 카르네아데스의 논변을 소개한다. 운명론에 대한 반박에서 카르네아데스가 게으른 논변의 대변자들보다 더 치밀하다고 키케로가 말하는 이유는 카르네아데스가 '어떤 속임수도 쓰지 않고' 오직 크뤼시포스가 주장한 것만을 근거로 논변을 구성했기 때문이다. 크뤼시포스의 운명론에 귀속되는 두 가지 핵심 주장은 1) 자연 속 모든 사건의 인과적 결속과 2) 인간 행위의 도덕적 책임의 토대로서 우리의 능력 안에 있는 것들의 존재다. 카르네아데스는 이 두 주장을 토대로 다음과 같이 논변을 구성함으로써 크뤼시포스의 두 주장 자체에서 귀결되는 것은 운명의 보편적 영향력을 증명하기보다는 오히려 반증한다는 것을 정확히 보여 준다.

만약 모든 일이 선행 원인으로 인해 일어난다면 모든 일은 자연적 연쇄에 의해 하나로 묶이고 엮이는 방식으로 일어난다. 그런데 만약 그것이 옳다면 필연이 모든 일을 일어나게 한다. 그리고 만약 그것이 참이라면 어떤 것도 우리의 능력 안에 있지 않다. 그런데 우리의 능력 안에 있는 것이 있다. 그러나 만약 모든 일이 운명에 의해 일어난다면 모든 일은 선행 원인을 통해 일어난다. 그러므로 무슨 일이 일어나든 그것이 운명에 의해 일어나는 것은 아니다.

　 － 『운명론』 31 절

　요컨대 크뤼시포스는 우리 능력 안에 있는 것들의 존재를 수용하는 한 운명에 의해 발생하지는 않는 것들의 존재를 수용해야 하므로, 모든 일은 운명에 의해 발생한다고 주장하는 크뤼시포스는 동시에 모든 일은 운명에 의해 발생하는 것이 아님을 주장해야 한다는 것이다. 카르네아데스의 논변은 크뤼시포스의 운명론적 견해에 내재한 이러한 자가당착을 예리하게 포착해 낸다는 점에서 게으른 논변을 대체할 수 있는 보다 향상된 버전의 반운명론적 논변이다.

　34~38절에서 키케로는 크뤼시포스 운명론의 두 전제로서 1) '선행하는 원인 없는 운동은 없다'는 '인과성 원리'와 2) 미래 시점 진술을 포함한 모든 진술에 보편적으로 적용되는 논리학적 원칙인 '이가 원리'를 제시하고, 각각에 대해 상반된 평가를 한다. 전자에 대해 키케로는 비판적이다. 키케로는 크뤼시포스 운명론의 이론적 허점을 밝히기 위해 단순히 어떤 다른 일에 선행하면서 그것의 발생에 필요한 일과 어떤 다른 일의 발생을 필연적으로 일으키는 일, 즉 어떤 일의 발생의 필요조건으로서의 원인과 충분조건으로서의 원인을 구분한다. 크뤼시포스는 선행 원인 없이 어떤 사건도 일어날 수 없다고 주장하지만, 키케로는 어

떤 사건 앞에 어떤 선행 원인이 있다는 것만으로 그 사건을 운명에 의해 필연적으로 발생한 것으로 이해해서는 안 되고 오히려 "어떤 일에 선행하면서 그 일을 〔필연적으로〕 일으키는 것만이 그 일의 원인이라는 식으로 이해해야"(34절) 한다고 주장한다.

후자와 관련해서는 이가 원리에 대한 에피쿠로스의 부정을 논리학에 대한 무지의 소치로 간주하는 반면, 이가 원리의 보편타당성에 대한 크뤼시포스의 수용에는 동의한다. 다만 키케로의 동의는 제한적이다. 그의 동의는 논리학적 관점에서 미래 시점 진술에도 이가 원리가 적용된다는 것에 국한된 동의이지, 결코 '인과적 결정론'으로서 그의 운명론에 대한 동의는 아니다. 이 점을 키케로는 다음과 같이 명확히 한다.

물론 이성 자체는 어떤 사건들에 대해 그것들에 관한 진술이 영원토록 참이라는 것뿐만 아니라, 그것들이 일련의 영원한 원인들에 결박되어 있지 않고 운명의 필연성에서 벗어나 있다는 것 역시 받아들이도록 우리에게 강요하지만 말이네.
- 『운명론』 38절

운명과 자유의 통합은 가능한가

키케로의 세 번째 연설은 39~45절까지 이어지고, 스토아학파의 행위론을 중심으로 전개된다. 이 논의는 '동의' 이론을 통해 운명과 인간의 자유를 통합적으로 설명함으로써 인간의 행위에 칭찬과 비난을 귀속시킬 수 있는 근거를 확보하려는 크뤼시포스의 시도를 다룬다는 점에서 윤리학의 영역에 속한다.

39절에서 키케로는 운명과 영혼의 자유에 관한 옛 철학자들의 두 가지 상반된 견해를 제시한다. 하나는 데모크리토스, 헤라클레이토스 등이 주장한 것으로, '운명이 필연의 힘을 부과하는 방식으로 모든 일이 운명에 의해 일어난다'는 견해이고, 다른 하나는 '운명과 전적으로 무관한 영혼의 자발적 운동이 있다'는 견해다. 전자는 운명의 필연성을 긍정하고, 후자는 영혼의 자유의지를 긍정한다. 키케로는 제3의 견해로 운명과 영혼의 자유를 통합하고자 하는 크뤼시포스의 시도를 소개하고, 이 시도의 이론적 성패와 관련해 다음과 같이 평한다.

이에 크뤼시포스는 (두 극단을 피하려고) 마치 명예 중재인처럼 타협점을 찾고 싶었던 것 같지만, 실제로는 영혼의 운동이 필연으로부터 자유롭기를 원하는 사람들 쪽에 더 기울어져 있었지. 하지만 그는 자신이 사용하는 표현들 때문에 운명의 필연성을 어쩔 수 없이 지지해야 하는 자가당착에 빠지네.

– 『운명론』 39절

40절에서 키케로는 운명의 필연성을 지지하거나 영혼의 자유를 지지하는 두 부류의 옛 철학자들이 동의와 관련해서도 상반된 견해를 보인다고 하면서 그들의 견해차를 다음과 같이 설명한다.

모든 것이 운명에 의해 일어난다고 믿었던 옛 철학자들은 동의도 강제적 힘과 필연에 의해 유발된다고 주장했네. 하지만 그들의 견해에 반대했던 사람들은 동의를 운명으로부터 자유롭게 했고, 운명의 영향력이 동의에 가해진다면 동의로부터 필연이 제거되는 것은 불가능할 것이라고 주장했지.

— 『운명론』 40절

요컨대 운명을 지지하는 철학자들은 동의를 강제적 힘과 필연의 영향력 밑에 놓고, 운명에 반대하고 인간의 자유의지를 지지하는 철학자들은 동의를 운명에서 벗어난 영혼의 자발적 운동으로 규정한다는 것이다. 이제 문제는 크뤼시포스가 동의와 관련해 두 견해 사이에서 어떤 타협점을 찾는가이다.

41~43절에서 키케로는 크뤼시포스가 찾은 타협점을 더 구체적으로 설명한다. 크뤼시포스는 두 극단적 견해 사이에서 중도를 지키기 위해 한편으로 영혼의 운동에 자유와 자발성을 부여하는 방식으로 필연을 피하면서, 다른 한편으로 모든 일의 발생에 선행 원인을 귀속시키는 방식으로 운명을 보존하고, 이를 정

당화하기 위해 원인을 두 종류로 구분한다.

하나는 보조적이고 최근접적인 원인이다. 사건 A가 발생할 경우 A의 발생을 위해 사건 B가 선행해야 한다면 사건 B 없이 사건 A가 발생할 수 없고 그렇게 사건 B는 사건 A가 발생하기 위한 필요조건이라는 의미에서 사건 A의 원인이지만, 이 원인은 사건 A의 발생에 앞서 사건 A에 가장 가깝게 선행해 존재하는 원인일 뿐 사건 A을 필연적으로 일으키지는 않는다는 점에서 사건 A의 발생에 보조적 역할만 하는 원인이다. 예컨대 영혼의 동의가 발생하기 위해서는 동의에 선행해 외부 세계로부터 주어지는 표상이 있어야 한다. 표상 없이 동의는 발생하지 않는 점에서 표상이 동의의 원인이지만, 이 원인은 동의에 최근접적 원인이고, 동의의 발생을 위한 필요조건으로서의 원인이며, 동의의 발생에 보조적이고 부차적 역할을 하는 원인이다. 한편으로 운명을 보존하기 위해 크뤼시포스는 모든 일의 발생에 '선행하는 원인'을 귀속시킨다. 다만 이제 여기에 하나의 단서를 단다.

> 모든 것이 '선행 원인을 통해' 운명적으로 일어난다고 말할 때, 우리는 이것이 … '선행하는 보조적이고 최근접적인 원인을 통해'로 이해되기를 바란다.
> ─『운명론』 41절

다른 한편으로 필연을 피하면서 자유를 보존하기 위해 크뤼시포스가 요청하는 원인은 완전하고 주도적인 원인이다. 이 원인은 단순히 사건 A 앞에 (필요조건으로서) 선행해 존재하는 원인이 아니라, 사건 A에 직접 작용해 사건 A를 필연적으로 일으키는 어떤 힘과 본성의 담지자다. 예를 들면 동의의 보조적 원인은 표상인데 표상의 자극 없이 동의는 발생할 수 없지만, 표상이 있다고 해서 그 표상에 대한 (선악이나 진위의 관점에서의) 동의가 저절로 발생하는 것은 아니다. 우리가 어떤 표상에 동의할 수 있기 위해서는 동의를 필연적으로 일으키는 힘을 가진 주도적 원인이 있어야 한다. 그것이 우리 인간에게는 바로 이성이고, 이성의 의지이며, 이성의 자유의지다.

표상을 일으키는 것은 외부 자연 세계라는 점에서 표상은 우리 능력에 달려 있지 않다. 하지만 동의를 필연적으로 일으키는 것은 우리 이성의 의지라는 점에서 동의는 우리 능력 안에 있다. 동의가 선행하는 원인으로서 표상을 통해 자극받아야 발생한다는 점에서 동의는 운명에 종속되는 측면을 갖는다. 하지만 "우리 이성의 동의는 일단 외부로부터 밀쳐지면 그다음부터는 〔동의하는 이성의 의지〕 그 자체의 힘과 본성에 의해 운동"(43절)하고, 동의가 자발적으로 진위를 판단하고 선악을 구별하는 우리 이성의 내적 본성 자체의 주도적 작용으로부터 이루어진다는 점에서 동의는 운명의 필연성에 종속되지 않는 그 자체 자유의 능력이다.

이처럼 크뤼시포스는 동의의 보조석 원인(표상)과 주도적 원인(이성의 자유의지)을 구분함으로써 인간의 행위가 선행하는 원인들로부터 운명에 의해 발생한다는 견해와 인간의 행위는 필연에서 벗어나 인간 이성의 자유로운 본성으로부터 발생한다는 견해를 통합한다. 이로써 운명을 보존하면서 필연을 피하고 궁극적으로 인간의 행위에 도덕적 책임을 물을 수 있게 하는 윤리학적 기반을 확보한다.

마지막으로 44~45절에서 키케로는 크뤼시포스의 중도적 견해와 그에 대한 반대자의 견해를 비교하고 분석한다. 한편으로 운명의 존재를 부정하는 반운명론자는 동의가 운명에 의해 일어나는 것을 부정하고(~a), 동의가 선행하는 표상 없이 일어나지 않는다는 것을 인정한다(b). 반면에 운명론자로서 크뤼시포스는 동의가 선행하는 원인으로부터 운명에 의해 발생한다는 것을 인정하고(a), 동의가 선행하는 표상 없이 일어나지 않는다는 것을 인정한다(b). 키케로는 '~a'와 'a'를 주장하는 두 입장이 외견상 상반된 것처럼 보이지만 실질적으로 두 입장이 같지는 않은지 살펴보자고 제안한다(44절).

적어도 두 입장은 'b'를 주장하는 점에서는 일치한다. 크뤼시포스의 반대자는 'b'를 받아들이는 한 동의가 보조적 원인으로서 선행하는 표상으로부터 발생한다는 것을 시인해야 하고, 만약 이것을 시인하면 선행 원인 없이는 어떤 일도 일어나지 않는다는 의미에서 모든 일이 운명에 의해 발생한다는 것을 크뤼시포스처럼 시인해야 한다. 다른 한편 크뤼시포스가 'b'를 받아들이는 한 동의가 보조적 원인으로서 표상 없이 발생하지 않고 주도적 원인으로서 이성의 의지에 의해 발생한다는 것을 시인해야 하고, 만약 이것을 시인하면 동의는 자유로운 인간 이성의 의지의 산물이라는 의미에서 모든 일이 운명에 의해 발생하는 것은 아니라는 것을 그의 반대자처럼 시인해야 한다. 그렇다면 두 입장의 외견상 불일치는 사라진다. 따라서 키케로도 이렇게 결론짓는다.

이로부터 우리는, 양측 모두 각각의 견해를 밝히고 설명한 후 동일한 결과에 도달하기 때문에 양측의 견해차가 사실이 아니라 말에 있다는 점을 쉽게 이해할 수 있지.
　-『운명론』 44절

종결부의 시작 부분과 끝부분은 유실되었고, 남아 있는 것은 46~48절이다. 여기서 키케로는 경로 이탈에 관한 에피쿠로스의 이론을 최종적으로 비판한다. 무엇보다도 원자의 운동을 위해 무게와 충격 외의 다른 어떤 제3의 원인을 제시할 수 없는 한 경로 이탈은 허구적 이론일 뿐이라는 것이 그의 핵심 주장이다. 키케로는 인간의 자유를 확보하기 위해 경로 이탈의 가정을 도입한 에피쿠로스보다 더 영혼의 자발적 운동을 부정하고 모든 일에 작용하는 필연의 힘을 긍정한 사람은 없다고 말하면서 에피쿠로스의 시도가 궁극적으로는 운명론을 강화하는 계기가 되었다고 평가한다. 키케로는 이어 '누락 4'에서 자유의지와 운명의 통합을 추진한 크뤼시포스에 대해서도 최종적 비판을 제시한 것으로 추정되지만, 어쨌든 이것이 우리가 전승된 문헌 속에서 확인할 수 있는 키케로의 마지막 결론이다.

모든 견해를 진리의 재판정에 부치다

이상에서 본 것처럼 키케로는 운명의 존재에 대한 찬성과 반대의 견해 모두를 비판한다. 『운명론』에서 키케로는 『신들의 본성에 관해』나 『점술에 관해』에서처럼 찬반 양측에서 논변을 독립적으로 펼쳐 각 논변이 동등한 개연성을 가지고 있음을 독자에게 보여 줌과 동시에 어느 한 측의 의견에 동의하지 못하게 함으로써 결국 양측 모두에 대해 동의를 중지시키는 방식으로 연설을 진행하지 않았다. 앞서 말했듯이 『운명론』은 일종의 유사 대화편이다. 키케로는 히르티우스라는 대화 상대를 등장시키지만, 그는 단순히 청강자다. 키케로는 히르티우스가 제안한 주제와 관련된 다양한, 심지어 서로 반대되는 견해를 검토하고 각각의 견해로부터 귀결된 모순이나 불합리를 드러냄으로써 제출된 견해를 모두 부정하는 방식으로 연설했다. 점술을 신뢰하고 운명의 존재를 지지했던 포세이도니오스와 크뤼시포스의 결속 이론에 대한 논박에서 시작해서, 인과성 원리와 이가 원리를 중심으로 한 크뤼시포스와 디오도로스의 논리적 결정론과 에피쿠로스와 그의 추종자들의 반결정론에 대한 논박을 거쳐, 에피쿠로스와 아마도 운명과 자유의지를 통합하려는 크뤼시포스의 견해에 대한 마무리 논박에서 연설은 종결된다.

여기서 키케로는 자신의 주장이나 견해를 세우는 데 몰두하지 않았다. 심지어 그것의 옹호를 목표로 삼지도 않았다. 그는 진리를 선포하는 대신 매번 비진리를 드러내고 진리를 향한 계속된 여정을 걷는다. 적어도 『운명론』에서 키케로는 마치 플라톤의 대화편에 등장하는 소크라테스가 오직 질문자의 위치에서 상대방의 의견을 철저히 시험과 논박(elenchos)으로 가져가듯이 전적으로 비판자의 위치에서 철학을 한다.

이러한 소극적, 부정적 태도에도 불구하고 마치 무지를 고백하는 소크라테스에게 올바른 의견과 견해가 없지 않았던 것처럼 키케로에게도 옳은 것으로 지지하거나 신뢰하는 주장이나 견해가 없었던 것은 아니다. 원인 없는 운동으로서 원자의 경로 이탈을 도입하고 이가 원리를 미래 시점 진술에 적용하는 것을 거부하는 에피쿠로스와 그의 지지자들의 견해를 비판할 때는 인과성 원리와 같은 자연학적 원칙이나 이가 원리와 같은 논리학적 원칙의 보편타당성을 스토아 철학자들의 편에 서서 주장하기도 하고, 자신의 견해를 종종 카르네아데스의 이론을 통해 간접적으로 표명하기도 한다. 하지만 키케로는 연설의 모든 국면에서 자신의 믿음과 의견을 의심의 여지 없는 불변적 진리로 공표하지는 않았고, 카르네아데스의 이론을 직접 증명하는 데 자신의 수사적 언사를 소비하지도 않았다. 그것은 모두 자신을 포함해 누구나 '대개(veri simile)'(43절) 받아들일 수 있는 정도의 진리였다.

자유의지의 존재도 마찬가지다. 키케로는 이 책 전체에 걸쳐 인간의 자발적 의지에 의한 행위의 발생을 자명한 것처럼 가정한다. 하지만 그는 단 한 번도 자유의지의 존재 자체를 거부할 수 없는 불변의 진리로 단정하거나 증명하려고 시도하지 않았다.[11] 그는 그것을, 만일 누구에게나 도덕적 책임을 물을 수 있다면 누구나 '대개' 받아들일 수 있는 개연적 진리로 전제했을 뿐이다. 그리고 오로지 신이나 운명의 자연적, 필연적 지배라는 사변적 가정에 근거해 인간의 자유를 근본적으로 위협하고 도덕적 삶의 근간을 통째로 무너뜨리는 견해나 원자의 경로 이탈이라는 검증 불가능한 허구적 가정에 의존해 인간 영혼의 자유를 잘못된 방식으로 구하고자 하는 이론에 대한 반박 가능성에만 집중했다.

이런 태도는 지(知)에 무능한 자의 표지가 아니다. 그리고 자신의 견해는 정당화하지 않으면서 남의 견해를 오직 비판 자체

---

11 Magaret Y. Henry(1927), p. 32.

를 위해 비판하는 파렴치하고 공격적인 연설가의 특징도 아니고, 상대의 허점을 파고들어 상대를 자신 앞에 무릎 꿇리는 것을 즐기는 고약한 쟁론가의 성향도 아니다. 모든 견해를 가능한 한 반박의 대상으로 정립하는 키케로의 부정적이고 비판적인 접근은 무지의 고백에서 출발해 모든 의견을 논박과 시험에 종속시키는 소크라테스의 접근처럼[12] 철저히 방법적이다. 그것은 불변의 확실성을 가진 의견이 있을 수 없음을 보여 주기 위한 회의주의 철학의 전형적 탐구 방식이기 때문이다. 따라서 모든 견해를 진리의 재판정에 부쳐 진리로서의 마땅한 권위와 관련해 시험받게 하는 키케로의 일관된 자세는 그가 추종했던 신아카데미아학파의 열린 철학 정신의 일부다. 그리고『운명론』역시 진리에 대한 초개연적 판단을 중지하고 진리를 향한 계속된 '탐구(skepsis)'를 표방한다는 점에서 고대 그리스에서 발원한 회의주의(Skeptizismus) 역사의 일부다.

---

12 이상인(2011), p. 221. "소피스트들은 상대방을 지혜롭고 철학적이게 하기 위해서 자신들의 '지혜'에 의존하게 했지만, 소크라테스는 가르치기 이전에 그의 지혜는 '무지의 지'에 있다는 것을 역설한다(Apol. 21d2~7). 무지의 지에 대한 언급은 '전적인' 무지에 대한 사실적 고백이 아니다. 무지의 고백이 문답에서의 그의 특정한 역할에서 비롯된 것을 이해한다면, 어느 누구도 어떤 것에 대해서도 '전적으로' 모른다는 그의 언급을 말 그대로 받아들이지 않을 것이다. 그가 말하는 무지는 철학적 교육과 훈련을 수행하기 위해 '방법적으로' 요청된 무지이고, '무지자'로서의 자기규정은 지의 출산을 중단해야 한다는 산파로서의 일종의 자기요구이기 때문이다."

판본에 대하여

이 책은 빌헬름 악스(Wilhelm Ax)가 1938년에 편집하여 출간한 판본을 기준으로 삼았다. 악스는 여러 사본을 참조했지만 가장 표준적인 것으로 참조한 것은 기원전 9~10세기경에 만들어진 필사본인 A(Leidensis Vossianus 84), B(Leidensis Vossianus 86), V(Vindobonensis 189)다. 이 세 필사본은 기원전 8세기에 만들어진 전집 Q의 복사본으로, 원본 Q와 세 필사본의 정확한 관계는 불확실하다.[13]

그 외에도 6~7세기 또는 9~10세기에 하도아르두스(Hadoardus)에 의해 키케로의 철학적 저작에서 추출된 것으로 알려진 발췌본이 일부 남아 있다. 하도아르두스의 발췌는 자의적으로 편집되었고 전문적 지식에 근거한 것도 아니어서 키케로 문헌에 대한 비평에서는 매우 조심스럽게 사용된다.[14]

13 M. Schallenberg(2008), p. 42.
14 M. Schallenberg(2008), p. 42.

참고 문헌

1차 자료

Cicero, Marcus Tullius, *Cicero, De fato / Über das Schicksal*, herausgegeben von Paola Calanchini(Stuttgart: Reclam, 2015).

_____, *De oratore Book III*, *De fato*, *Paradoxa Stoicorum*, *De partitione oratoria*, translated by Harris Rackham(Cambridge: Havard University Press, 1942).

_____, *M. Tulli Ciceronis De divinatione*, *De fato*, *Timaeus*, recognovit Wilhelm Ax(Leipzig: 1938).

_____, *M. Tulli Ciceronis De Fato liber*, cum notis Johann Heinrich Bremi (Leipzig: 1795).

_____, *Sur le De Fato*, publié par Octave Hamelin(Villers-sur-Mer: Éditions de Mégare, 1978).

_____, *Traité du destin*, traduit par Albert Yon(Paris: Les Belles Lettres, 1933).

_____, *Über das Schicksal*, herausgegeben von Karl Bayer(München: 1963).

_____, *Über das Schicksal*, herausgegeben von Hermann Weidemann(Berlin/ Boston: De Gruyter, 2019).

_____, *Vom Schicksal*, übersetzt von Hans—Georg Gadamer, *Philosophisches Lesebuch 1*, herausgegeben von Hans—Georg Gadamer(Frankfurt a. M.: Fischer, 1965), pp. 237~256.

Cicero, Marcus Tullius & Boethius, Anicius Manlius Severinus, *Cicero: On Fate & Boethius: The Consolation of philosophy IV. 5~7, V.*, edited by Robert William Sharples(Warminster: Aris & Phillips, 1991).

Marwede, David Paul, *A Commentary on Cicero's "De Fato"*, Dissertation (Baltimore: Johns Hopkins University, 1984).

2차 자료

Alexander of Aphrodisias, "Alexandri Aphrodisiensia praeter commentaria scripta minora", edidit Ivo Bruns, *Supplementum Aristotelicum 2*, typis et impensis Georg Reimer(Berlin: 1892), pp. 164~212.

_____, *Il destino*, traduzione di Carlo Natali(Milano: 1996).

_____, *On Fate*, translated by Robert William Shaples(London: 1983).

_____, *Über das Schicksal*, übersetzt von Andreas Zierl(Berlin: De Gruyter, 1995).

Arnim, Hans Friedrich August von, *Stoicorum Veterum Fragmenta 3*(Leipzig: 1924).

Bobzien, Sussane, *Determinism and Freedom in Stoic Philosophy*(Oxford: Clarendon Press, 1998).

_____, *Die stoische Modallogik*(Würzburg: Königshausen und Neumann, 1986).

Diels, Hermann & Kranz, Walther, *Die Fragmente der Vorsokratiker*(Berlin:

Weidmann, 1951~1952).

Frede, Michael, *Die stoische Logik*(Göttingen: 1974).

Gaskin, Richard, *The Sea Battle and the Master Argument: Aristotle and Diodorus Cronus on the Metaphysics of the Future*(Berlin/New York: De Gruyter, 1995).

Gellius, Aulus, *Noctes Atticae 1-2*, edited by P. K. Marshall(Oxford: Oxford University Press, 1968).

Giebel, Marion, *Treffpunkt Tusculum : literarischer Reiseführer durch das antike Italien*(Stuttgart: 1995)(『로마 문학 기행』, 박종대 옮김(백의, 2000)).

Hülser, Karlheinz, *Die Fragmente zur Dialektik der Stoiker. Neue Sammlung der Texte mit deutscher Übersetzung und Kommentaren 1-4*(Stuttgart: 1987).

Inwood, Brad, *Ethics and Human Action in Early Stoicism*(Oxford: Clarendon, 1985).

Jürß, Fritz & Müller, Reimar & Schmidt, Ernst Günther, *Griechische Atomisten: Texte und Kommentare zum materialistischen Denken der Antike*(Leipzig: 1977).

Kane, Robert, *The Significance of Free Will*(New York: Oxford University Press, 1996).

Kreter, Fabian, *Kann Fabius bei einer Seeschlacht Sterben?: Die Geschichte der Logik des Kontingenzproblems von Aristoteles, De interpretatione 9 bis Cicero, De fato*(Trier: Wissenschaftlicher Verlag Trier, 2006).

Long, Anthony Arthur, *Hellenistic Philosophy: Stoics, Epicureans, Sceptics* (London: Duckworth, 1986)(『헬레니즘 철학: 스토아 철학자, 에피쿠로스주의 철학자, 회의주의 철학자』, 이경직 옮김(서광사, 2000)).

Long, Anthony Arthur & Sedley David Neil, *The Hellenistic philosophers 1-2*(Cambridge: 1987).

Macrobius, Ambrosius Theodosius, *Macrobius: Saturnalia*(Leipzig: 1893).

Mayet, Karin, *Chrysipps Logik in Ciceros philosophischen Schriften*(Tübingen:

Narr Dr. Gunter, 2010).

Pohlenz, Max, *Ciceronis Tusculanarum disputationum libri V.: Libri I et II*(Leipzig/Berlin: 1912).

Reinhardt, Karl, *Kosmos und Sympathie: neue Untersuchungen über Poseidonios* (München: 1926).

Schallenberg, Magnus, *Freiheit und Determinismus: Ein philosophischer Kommentar zu Ciceros Schrift De fato*(Berlin/New York: Walter de Gruyter, 2008).

Servius, *Servi Grammatici qui feruntur in Vergilii carmina commentarii 1-2*, herausgegeben von Georg Thilo(Leipzig: 1881/1884).

Weische, Alfons, *Cicero und die Neue Akademie: Untersuchungen zur Entstehung und Geschichte des antiken Skeptizismus*(Münster: Aschendorff, 1961).

Arnim, Hans Friedrich August von, "Textkritik zu Alexander von Aphrodisias", *Wiener Studien* 22(1900), pp. 1~10.

Asmis, Elizabeth, "Free Action and the Swerbe", *Oxford Studies in Ancient Philosophy* 8(1990), pp. 275~291.

Bobzien, Susanne, "Chrysippus' Modal Logic and its Relation to Philo and Diodorus", *Dialektiker udn Stoiker: Zur Logik der Stoa und ihrer Vorläufer*, herausgegeben von K. Döring & Th. Ebert(Stuttgart: Franz Steiner Verlag, 1993), pp. 63~84.

_____, "Chrysippus' Theory of Causes", *Topics in stoic philosophy*, edited by Katerina Ierodiakonou(New York: Oxford University Press, 1999), pp. 196~242.

Botros, Sophie, "Freedom, Causality, Fatalism and Early Stoic Philosophy", *Phronesis* 30(1985) pp. 274~304.

Bown, Alexander, "Epicurus on Bivalence and the Excluded Middle", *Archiv für Geschichte der Philosophie* 98(2016), pp. 239~271.

Donini, Pier Luigi, "Note al peri heimarmenes di Alessandro di Afrodisia",

Rivista di filologia e di istruzione classica 97(Torino: 1969), pp. 298~313.

Ebert, Theodor, "Die Stoa – Determinismus und Verantwortlichkeit", *Klassiker der Philosophie heute*, herausgegeben von A. Beckermann & D. Perler(Stuttgart: 2004), pp. 59~79.

Eisenberger, Herbert, "Zur Frage der ursprünglichen Gestalt von Ciceros Schrift De fato", *Grazer Beiträge* 8(1979), pp. 153~172.

Gercke, Alfred, "Chrysippea", *Jahrbücher für classische Philologie Supplementband 14*(1885), pp. 689~781.

Gould, Josiah Bancroft, "The Stoic Conception of Fate", *Journal of the History of Ideas* 35(1974), pp. 17~32.

Hackforth, Reginald, "Notes on Some Passages of Alexander Aphrodisiensis De Fato", *Classical Quarterly* 40(1946), pp. 37~44.

Henry, Margaret Young, "Cicero's Treatment of the Free Will Problem", *Transactions and Proceedings of the American Philological Association* 58(1927), pp. 32~42.

Huby, Pamela Margaret, "An Epicurean Argument in Cicero, De Fato XVII–40", *Phronesis* 15(1970), pp. 83~85.

Ioppolo, Anna Maria, "Le cause antecedenti in Cic. De Fato 40", *Matter and Metaphysics : Fourth Symposium Hellenisticum*, edited by J. Barnes and M. Mignucci(Napoli: Bibliopolis, 1988), pp. 399~424.

Kleywegt, Aad J., "Fate, Free Will, and the Text of Cicero", *Mnemosyne* 26(1973), pp. 342~349.

Lee, Sang In, "Platons Anamnesis in den frühen und mittleren Dialogen", *Antike und Abendland* 46(2000), pp. 93~115.

Long, Anthony Arthur, "Freedom and determinism in the Stoic theory of human action", *Problems in Stoicism*, edited by A. A. Long(London: Athlone Press, 1971), pp. 173~199.

Luck, Georg, "On Cicero. De Fato 5 and Related Passages", The American

Journal of Philology 99(1978), pp. 155~158.

Philippson, Robert., "Rezension zu A. Yon, Cicéron: traité du Destin, Paris 1933", *Philologische Wochenschrift* 54(1934), pp. 1030~1039.

Rodier, Georges, "Conjectures sur le texte du De fato d'Alexandre d' Aphrodisias", *Revue De Philologie, De Littérature Et d'Histoire Anciennes* 25(1)(1901), pp. 66~71.

Sedley, David, "Diodorus Cronus and Hellenistic Philosophy", *Proceedings of the Cambridge Philological Society (Second Series)* 23(1977), pp. 74~120.

Sedley, David, "Chrysippus on psychophysical causality", *Passions & Perceptions : Studies in Hellenistic Philosophy of Mind : Proceedings of the Fifth Symposium Hellenisticum*, edited by J. Brunschwig & M. C. Nussbaum. (New York: Cambridge University Press, 1993), pp. 313~331.

Sharples, Robert William, "Epicurus, Carneades, And The Atomic Swerve", *Bulletin of The Institute of Classical Studies* 38(1993), pp. 174~190.

_____, "Causes and Necessary Conditions in the Topica and De fato", *Cicero the Philosopher: Twelve Papers*, edited by J. G. F. Powell(Oxford: Clarendon Press, 1995), pp. 247~271.

Striker, Gisela, "Cicero and Greek Philosophy", *Harvard Studies in Classical Philology* 97(1995), pp. 53~61.

Weidemann, Hermann, "Diodor: Logik und Common Sense", *Philosophen des Altertums 1: Von der Frühzeit bis zur Klassik*, herausgegeben von M. Erler & A. Graeser(Darmstadt: Primus in Herder, 2000), pp. 182~190.

_____, "Ein Argument gegen den Fatalismus in Ciceros Schrift über das Fatum (De fato, XVII 40)", *Elenchos* 22(2001), pp. 111−120.

_____, "Aristotle, the Megarics, and Diodorus Cronus on the Notion of Possibility", *American Philosophical Quarterly* 45(2008), pp. 131~148.

White, Michael J., "Facets of Megarian Fatalism: Aristotelian Criticisms and the Stoic Doctrine of Eternal Recurrence", *Canadian Journal of Philosophy*

10(2)(1980), pp. 189~206.

White, Michael J., "Time and Determinism in the Hellenistic Philosophical Schools", *Archiv für Geschichte der Philosophie* 65(1983), pp. 40~62.

Zetzel, James Eric Guttman, "Cicero and the Scipionic Circle", *Havard Studies in Classical Philology* 76(1972), pp. 173~179.

김용민, 『정의와 행복을 위한 키케로의 철학』(한울아카데미, 2018).

김유석, 『메가라학파: 변증가, 쟁론가 혹은 소피스트』(아카넷, 2022).

디오게네스 라에르티오스, 『유명한 철학자들의 생애와 사상 1, 2』, 김주일, 김인곤, 김재홍, 이정호 옮김(나남, 2021).

루크레티우스, 『사물의 본성에 관하여』, 강대진 옮김(아카넷, 2012).

아리스토텔레스, 『니코마코스 윤리학』, 김재홍, 강상진, 이창우 옮김(길, 2011).

_____, 『시학』, 이상인 옮김(길, 2023).

_____, 『아리스토텔레스 선집』, 김재홍, 김헌, 유재민, 임성진, 조대호 옮김(길, 2023).

_____, 『형이상학』, 조대호 옮김(길, 2017).

아우구스티누스, 『신국론 1, 2, 3』, 성염 옮김(분도출판사, 2004).

이상인, 『진리와 논박: 플라톤과 파르메니데스』(길, 2011).

_____, 『플라톤과 유럽의 전통』(이제이북스, 2006).

키케로, 『국가론』, 김창성 옮김(한길사, 2021).

_____, 『노년에 관하여』, 오흥식 옮김(궁리, 2002).

_____, 『노년에 관하여 / 우정에 관하여』, 천병희 옮김(숲, 2005).

_____, 『노(老)카토 노년론』, 김남우 옮김(아카넷, 2022).

_____, 『라일리우스 우정론』, 김남우 옮김(아카넷, 2022).

_____, 『법률론』, 성염 옮김(한길사, 2021).

_____, 『설득의 정치』, 김남우, 성중모, 이선주, 임성진, 이상훈 옮김(민음사, 2015).

_____, 『수사학: 말하기의 규칙과 체계』, 안재원 옮김(길, 2006).

_____, 『스토아철학의 역설』, 이기백 옮김(아카넷, 2022).

_____, 『신들의 본성에 관하여』, 강대진 옮김(그린비, 2019).

_____, 『아카데미아 학파』, 양호영 옮김(아카넷, 2021).

_____, 『연설가에 대하여: 로마의 실천 변론법』, 전영우 옮김(민지사, 2013).

_____, 『예언에 관하여』, 강대진 옮김(그린비, 2021).

_____, 『우정에 대하여 / 노년에 대하여 / 변론에 대하여』, 김성숙 옮김(동서문화사, 2017).

_____, 『키케로의 의무론』, 허승일 옮김(서광사, 2006).

_____, 『키케로의 최고선악론』, 김창성 옮김(서광사, 1999).

_____, 『토피카』, 성중모 옮김(아카넷, 2022).

_____, 『투스쿨룸 대화』, 김남우 옮김(아카넷, 2022).

_____, 『화술의 법칙: 키케로의 수사학 교본』, 양태종 옮김(유로서적, 2005).

플라톤, 『메논』, 이상인 옮김(아카넷, 2019).

호메로스, 『오뒷세이아』, 천병희 옮김(숲, 2015).

_____, 『일리아스』, 천병희 옮김(숲, 2015).

히포크라테스, 『히포크라테스 선집』, 여인석, 이기백 옮김(나남, 2011).

김유석, 「메가라학파의 변증술 연구: 에우클레이데스, 에우불리데스, 디오도로스를 중심으로」, 『서양고전연구』 56권 1호(2017), pp. 29~57.

_____, 「해석(解釋)과 전용(轉用)의 사이에서: 키케로의 『티마이오스』번역에 나타난 철학적 변용의 모습들」, 『서양고전학연구』 59권 1호(2020), pp. 85~117.

김재홍, 「필연과 결정론: 아리스토텔레스와 디오도로스의 논증의 분석」, 『철학』 33권(1990), pp. 257~278.

김효신, 「페트라르카의 서간집과 키케로」, 『이탈리아어문학』 58호(2019), pp. 1~24.

박승권, 「피론학파의 계속된 탐구는 가능한가?」, 『동서철학연구』 93호

(2019), pp. 99~119.

_____, 「피론학파 회의주의는 철학인가: 『피론주의 개요』의 철학의 의미를 중심으로」, 『범한철학』 81권(2016), pp. 59~85.

_____, 「피론학파의 회의주의 연구: '탐구(zētēsis)' 개념을 중심으로」, 연세대학교 박사학위논문(2016).

박희영, 「데모크리토스의 원자론에 대한 고찰」, 『서양고전학연구』 5권(1991), pp. 143~161.

송유레, 「좋음을 위한 자유: 플로티누스의 자유론」, 『철학연구』 118호(2017), pp. 25~51.

오유석, 「퓌론은 회의주의자였는가」, 『동서철학연구』 70권(2013), pp. 237~263.

오지은, 「원자 이탈과 에피쿠로스의 자유」, 『철학』 97호(2008), pp. 67~92.

이상인, 「스토아의 자유 정초」, 『범한철학』 36권 1호(2005), pp. 37~69.

이준엽, 「루크레티우스의 『사물의 본성에 관하여』 2권 244행에서 비껴남(clinamen)의 최소는 무엇인가?」, 『서양고전학연구』 55권 1호(2016), pp. 115~136.

_____, 「에피쿠로스의 분자론(分子論)」, 『서양고전학연구』 58권 1호(2019), pp. 105~135.

최화선, 「로마 공화정 말기의 '종교 religio'와 '미신 superstitio' 개념」, 『서양고전학연구』 17권(2001), pp. 133~154.

한석환, 「에피쿠로스와 진리의 기준」, 『서양고전학연구』 17권(2001), pp. 71~96.

찾아보기

1 악스의 편집본 색인에 기반하여 본문의 내용을 파악하는 데 필요하거나
  해석적 관점에서 주목할 가치가 있는 용어를 선별해 실었다.
2 약호의 의미는 다음과 같다.
  ☞ : 해당 항목에 가서 확인할 수 있다.
  → : 표제어에서 파생되거나 표제어와 연관되는 낱말.
  ─ : 표제어와 같은 낱말을 다른 말로 번역했을 때.

한글─라틴어

라틴어–한글

disputatio 논의, 논란
disserendi ratio 논증 이론
dissimilitudo 차이
distinctio 구별, 차이
divinatio 점술
divinus 점쟁이, 점술의
(peri) dynatōn 가능성에 관해

efficientes 일으키는
efficientia 영향력
elachiston 최소 간격
enuntiare 진술하다, 표현하다
enuntiatio / enuntiatum 진술
equus 말
ēthos 에토스
externus 외적
extrinsecus 외부로부터, 외부의

fatalis 운명적
fatum 운명
febris 열
fors 우연
fortuito 우연히
fortuitum 우연적, 우연(적인 힘), 우
    연에 의해 일어나는
fortuna 우연

gemma 보석
genus 종류, 부류, 유형
geometres 기하학자
Graecus 그리스어의

grassator 노상강도
gravitas 무거움

Idus 보름
ignava ratio (argos logos) 게으른 논변
ignavus 게으른
inane 비어 있음, 허공
inanis 비어 있는
inanitas 허공
individua (corpora) 원자
iners 한가한
infinitum 부정(不定)
inmutabilis 불변적, 변경될 수 없는,
    바뀔 수 없는
inmutabilitas 불변성
inpulsio 외적 압박
instantia 현존
intervallum minimum (elachiston) 최소
    간격
interrogatio 추론

Kalendae 초하루

liber 벗어나 있는
libera voluntas 자유의지
liberum 자유
libri (Ciceronis) (키케로의) 저술
lingua Latina 라틴어
locus 지역
logikē 논리학

medicus 의사

mens 정신, 지성

moralis 모랄리스

morbus 병

mors 죽음

mores 성격

motio 운동

motus 운동

mundus 우주

mutatio 변화

natura 자연, 특성, 본성, 실체

naturalis 자연적

naturaliter 본성적으로

naufragus 난파 선원

necessarius 필연적

necesse (est) (일어날) 필연성이 있는,
    필연적

necessitas 필연(성)

negationes 부정(否定)

obici 주어지다

olea 기름

oraculum 예언

oratio 연설

orator 연설가

oratorius 연설의

orbis 원(圓)

percepta (이론적) 원칙

perpendiculum 수직(으로)

perturbatio 격변

philosophia 철학

philosophus 철학자

physicus 자연철학자

physiognomon 관상가

plaga 충격, 한 방

poeta 시인

pondus 무게

praecursio 선행

praedicere 예언하다

praedictum 예언

praegressio 선행

probabile 개연적

pronuntiare 표현하다

pronuntiatio 명제

ratio 논변, 이론, 이성, 합리적 설명,
    논리, 주장, 방식

repugnantia 양립할 수 없음

rhetorica 연설술

sempiternus 영구적

senatus 원로원

series 연쇄

signum 징표, 별자리

simplex 단순한

sphaera 구

temere 아무렇게나

theōrēmata 테오레마타

turbo 팽이

옮긴이의 말

　내가 처음에 생각했던 것보다 이 책은 이해하고 번역하기가 훨씬 더 어려웠다. 번역을 마친 이 시점에서도 이 책을 스스로 만족할 수준에서 이해하고 번역했다고 말하기는 어렵다.

　무엇보다도 서론과 결론 부분이 소실되어 문제의 발견부터 문제 구성과 해결에 이르는 전체 과정을 이해하기 어려웠고, 이 책이 어디에서 시작해 어디로 가는지도 번역을 거의 완성했을 시점에야 겨우 짐작할 수 있었다. 물론 전승된 것만으로도 이 작품에 키케로가 기울인 학문적 노고의 가치를 충분히 인정할 수 있지만, 만일 소실된 내용이 보존되어 있었다면 키케로의 의도를 살려 더 정확하고 생생하게 번역할 수 있었을 것 같은 아쉬움이 여전히 남아 있다.

게다가 오랫동안 그리스 철학을 중심으로 연구하다 보니 라틴어 감각이 무뎌져 글자와 글자 사이에 숨겨진 로마적 감성과 지성을 읽어 내는 데 솔직히 어려움을 겪었다. 다행히 정암학당 키케로 번역 연구팀에 속해 있었던 두 분과의 윤독으로 이러한 언어적 난관을 어느 정도는 극복할 수 있었다. 윤독자 중 한 분인 김진식 선생님은 라틴어 번역에서 이미 풍부한 경험을 소유한 분이었고, 라틴어의 어감을 살려 자연스러운 우리말로 옮길 때 보여 준 탁견에 깜짝 놀란 적이 한두 번이 아니었다. 다른 한 분인 이준엽 선생님은 고대 자연철학 전공자로서 일상어로서의 라틴어와 철학 전문 용어로서의 라틴어 사이에서 발생하는 해석적 동요를 신속하게 해소하는 데 큰 도움을 주었고, 내가 무심코 지나간 구절을 집요하게 파고들어 당황하게 한 적이 한두 번이 아니었다. 번역의 책임은 내게 있지만, 두 분의 도움 없이는 출판 가능한 수준으로 번역을 완성할 수 없었을 것이다.

두 분과의 윤독을 통해 배우는 즐거움이 가르치는 즐거움을 훨씬 능가한다는 것도 새삼 깨닫게 되었다. 질문을 받는 위치에서 질문하는 위치로 돌아간 윤독 시간이 정말로 즐거웠다. 나의 두 선생님은 매주 충실하게 준비해 오느라 많이 고생했을 것 같다. 두 분께 진심으로 감사의 말을 전하고 싶다. 책의 초고를 만드는 데는 국내에 몇 안 되는 회의주의 연구자인 충북대 박승권 박사와 헬레니즘 철학을 전공하고자 하는 철학과 대학원생 변성민의 도움도 있었다.

　내가 처음에 생각했던 것보다 키케로는 철학적으로 훨씬 더 깊이 있고 철학사의 중심적 흐름에 훨씬 더 가까이 있었던 사상가였다. 나는 그간 로마 철학은 그리스 철학의 아류라 생각했고, 키케로는 고대 그리스 철학자의 여러 견해와 학설을 수집하고 분류한 학자쯤으로 여겼다. 키케로를 공부하고 『운명론』을 번역하는 과정에서 이런 생각이 매우 편향된 것임을 알게 되었다. 신아카데미아학파의 회의주의 노선에 섰던 키케로는 그리스 철학을 단순히 라틴어로 번역하고 수용하는 수준에 머물지 않았다. 『운명론』을 통해 내가 만난 키케로는, 적어도 내게는, 철학의 냉철한 진리 추구의 정신을 '대화'라는 문학적 형식 속에서 구현한 플라톤을 로마 시대의 관점에서, 그리고 로마 문화와 사상의 관점에서 창의적이고 발전적으로 계승한, 여전히 고대 그리스 철학사의 중심에 서 있는 한 철학자로 보였다.

　무엇보다 키케로에게서 감명 깊게 배운 것은 그의 철학하는 방식이었다. 철학은 일면 현실에 초연할 것을 주문하지만, 그의 철학은 언제나 삶의 일부로서 실천되었다. 정치를 하기 위해 플라톤의 정치철학을 파고들었고, 연설의 엄밀한 논리를 위해 아카데미아에서 철학 공부를 했다. 처음에는 그가 철학적 지식의 연마와 획득에 진심이었으면서도 지식을 지식 그 자체를 위해 '이론적으로(theōrētikōs)' 연구하지 않았던 점을 아직 철학의 본령에 다다르지 못한 그의 소박함으로 생각했지만, 그의 글과 삶을 좀 더 깊게 접하다 보니 철학이란 학문이 본래 그런 현실적 삶의 관점으로부터 발원한 것이었음을, 그리고 그런 현실적 삶의 관점으로부터 유리되어서는 안 될 것이었음을 그동안 잊고 지냈던 것은 아닐까 하는 생각을 하게 되었다.

이 책의 번역은 처음부터 내가 원한 것은 아니었다. 글자를 하나하나 따지고 글자의 흩어진 파편들을 살아서 굼틀거리는 사상 전체의 틀 속에 위치시키는 작업이 너무 번거롭고 솔직히 내 능력을 넘어서는 일처럼 보였기 때문이다. 번역이 결정된 순간부터 어려운 점도 있었지만 새로 배운 점도 많았다. 번역을 마친 지금은 기쁜 마음으로 후기를 쓰고 있다.

인생은 항상 예기치 않은 결과와 마주치는 것 같다. 처음에 예상하지 못했다고 해서 예상하지 못한 일이 일어나지 않는 것은 아니다. 그래서 처음에 예상했다고 해서 모든 일이 예상한 대로 일어나는 것도 아니다. 사람들은 예측 속에서 미래에 대한 불안을 해소하고 싶어 하고, 종교적 예언자 같은 특출난 능력자의 말과 진술에 의지하기도 한다. 『운명론』에서 키케로는 옛사람들이 가졌던 점술에 대한 맹목적 신뢰에서 탈피하도록 인간 이성을 계몽하고, 인간사를 자유의지의 모험담으로 바라볼 것을 요구한다. 키케로의 종교적 계몽주의는 고대적 예술과 학문의 이상을 이성의 빛으로 재조명함으로써 중세의 어둠을 밝히고자 한 르네상스와 근대의 과학적, 철학적 계몽주의와 닮은 점이 많다. 그래서 오랜 시간이 지난 오늘날에도 우리에게 여전히 유효한 지적 운동처럼 보인다.

2024년 봄
이상인

사단법인 정암학당을 후원해 주시는 분들

정암학당의 연구와 역주서 발간 사업은 연구자들의 노력과 시민들의 귀한 뜻이 모여 이루어집니다. 학당의 모든 연구는 시민들의 자발적인 후원을 바탕으로 하기 때문입니다. 그 결실을 담은 '정암고전총서'는 연구자와 시민의 연대가 만들어 내는 고전 번역 운동의 산물이라고 할 수 있습니다. 이 같은 학술 운동의 역사적 의미를 기리고자 이 사업에 참여한 후원회원 한 분 한 분의 정성을 이 책에 기록합니다.

평생후원회원

황유리　　황희철
가지런e류 교정치과
방송대문교소담터스터디
부북스출판사(신현부)
카페 벨라온

나와우리 〈책방이음〉
방송대영문과07학번미아팀
생각과느낌 정신건강의학과

도미니코수도회　　도바세
법률사무소 큰숲
이제이북스

(개인 278, 단체 11, 총 289)

후원위원

강성식 강용란 강진숙 강태형 고명선 곽삼근 곽성순 구미희 권소연
권영우 길양란 김경원 김나윤 김대권 김대희 김명희 김미란 김미선
김미향 김백현 김병연 김복희 김상봉 김성민 김성윤 김순희(1) 김승우
김양희 김애란 김연우 김영란 김용배 김윤선 김장생 김정자 김지수(62)
김진숙(72) 김현자 김현제 김형준 김형희 김희대 맹국재 문영희 박미라
박수영 박우진 박원빈 박태준 박현주 백선옥 서도식 성민주 손창인
손혜민 송민호 송봉근 송상호 송찬섭 신미경 신성은 신영옥 신재순
심명은 안희돈 양은경 오현주 오현주(62) 우현정 원해자 유미소 유효경
이경선 이경진 이명옥 이봉규 이봉철 이선순 이선희 이수민 이수은
이순희 이승목 이승준 이신자 이은수 이재환 이정민 이지희 이진희
이평순 임경미 임우식 장세백 장영재 전일순 정삼아 정은숙 정태윤
정태흡 정현석 조동제 조명화 조문숙 조민아 조백현 조범규 조성덕
조정희 조진희 조태현 주은영 천병희 최광호 최세실리아　　최승렬
최승아 최이담 최정옥 최효임 한대규 허 광 허 민 홍순혁 홍은규
홍정수 황경화 황정숙 황훈성 정암학당1년후원

문교경기 〈처음처럼〉　　문교수원3학년학생회　　문교안양학생회
문교경기8대학생회　　문교경기총동문회　　문교대전충남학생회
문교베스트스터디　　문교부산지역7기동문회　　문교부산지역학우일동(2018)
문교안양학습관　　문교인천동문회　　문교인천지역학생회
방송대동아리 〈아노도스〉　　방송대동아리 〈예사모〉　　방송대동아리 〈프로네시스〉
사가독서회

(개인 130, 단체 16, 총 146)

후원회원

강경훈 강경희 강규태 강보슬 강상훈 강선옥 강성만 강성심 강신은
강유선 강은미 강은정 강임향 강주완 강창조 강 향 강희석 고강민
고경효 고복미 고숙자 고승재 고창수 고효순 공경희 곽범환 곽수미
구본호 구익희 권 강 권동명 권미영 권성철 권순복 권순자 권오성
권오영 권용석 권원만 권정화 권해명 권혁민 김건아 김경미 김경원
김경화 김광석 김광성 김광택 김광호 김귀종 김길화 김나경(69) 김나경(71)
김남구 김대영 김대훈 김동근 김동찬 김두훈 김 들 김래영 김명주(1)
김명주(2) 김명하 김명화 김명희63 김문성 김미경(61) 김미경(63) 김미숙 김미정

김미형 김민경 김민웅 김민주 김범석
김비단결 김신규 김선민 김선희(66) 김성곤
김세원 김세진 김수진 김수환 김숙현
김시인 김시형 김신태 김신판 김승원
김영숙(2) 김영애 김영준 김영효 김옥주 김용
김은미 김은심 김은정 김은주 김은파 김인식
김일학 김정식 김정현 김정현(96) 김정화 김정현
김종호 김종희 김주미 김중우 김지수(2) 김지
김진숙(71) 김진태 김철한 김태식 김태욱 김태
김하윤 김한기 김현규 김현(61) 김현숙(72) 김현우
김현철 김형규 김형전 김혜숙(53) 김혜숙(60) 김혜원
김희경 김희성 김희정 김희준 나의열 나춘화 나해
남원일 남지연 남진애 노마리아 노미경 노선이 노성
도진경 도진해 류다현 류동춘 류미희 류시운 류연옥
류지아 류진선 모영진 문경남 문상흠 문순현 문영식
문준혁 문찬혁 문행자 민 영 민용기 민중근 민해정
박경숙 박경애 박귀자 박규철 박다연 박대길 박동심
박문형 박미경 박미숙(67) 박미숙(71) 박미자 박미정 박믿음
박상선 박상윤 박상준 박선대 박선영 박성기 박소운
박순희 박승억 박연숙 박영찬 박영호 박옥선 박원대
박유정 박윤하 박재준 박정서 박정오 박정주 박정은
박주현 박주형 박준용 박준하 박지영(58) 박지영(73) 박지희(74) 박지희
박진선 박진헌 박진희 박찬수 박찬은 박춘례 박태안 박한종
박현민 박현숙 박현자 박현정 박현철 박형전 박혜숙 박홍기
반덕진 배기완 배수영 배영지 배제성 배효선 백기자 백선영
백승찬 박애숙 백현우 변은섭 봉성용 서강민 서경식 서근영
서민정 서범준 서봄이 서승일 서영식 서옥희 서용심 서월순
서지희 서창립 서회자 서희승 석현주 설진철 성윤수 성지영 소도
소병문 소상욱 소선자 손금성 손금화 손동철 손민석 손상현 손정
손지아 손태현 손한결 손혜정 송금숙 송기섭 송명화 송미희 송복순
송석현 송연화 송염만 송원욱 송원희 송유철 송인애 송진우 송태욱
송효정 신경원 신기동 신명우 신민주 신상하 신성호 신영미 신용균
신정애 신지영 신혜경 심경옥 심복섭 심은미 심은애 심재윤 심정숙
심준보 심희정 안건형 안경화 안미희 안숙현 안영숙 안정숙 안정순
안진구 안진숙 안화숙 안혜정 안희경 안희돈 양경엽 양미선 양병만
양선경 양세규 양예진 양지연 양현서 엄순영 오명순 오승연 오신명
오영수 오영순 오유석 오은영 오진세 오창진 오혁진 옥명희 온정민
왕현주 우남권 우 람 우병권 우은주 우지호 원만희 유두신 유미애
유성경 유승현 유정모 유정원 유 철 유향숙 유희선 윤경숙 윤경자
윤선애 윤수홍 윤여훈 윤영미 윤영선 윤영이 윤에스더 윤 옥 윤은경

윤재은 윤정
이경옥 이경
이권주 이
이미옥 이
이선민 이
이소정
이영민 이
이용숙
이은심
이정애
이진아
이한솔
이화선
장모범
장지은
전석
정금
정선
정옥

▌옮긴이

이상인

연세대학교 철학과 대학원을 졸업한 뒤 독일 마인츠대학과 마르부르크대학에서 고전문헌학과 철학을 연구했으며, 마르부르크대학에서 박사 학위를 받았다. 현재 연세대학교 미래캠퍼스 철학과 교수로 재직 중이다. 저서로 『플라톤과 유럽의 전통』, 『진리와 논박: 플라톤과 파르메니데스』, 『'메논'에서의 상기: 형상에 따른 지식 매개의 가능성과 방법에 대한 플라톤의 고찰』(독일어 출간)이 있으며, 역서로는 『메논』, 『고대와 근대의 논쟁들: 문제로 읽는 서양철학사』, 『시학』이 있고, 그 외 그리스 철학에 관한 논문을 다수 발표했다.

성암고전총서는 전안하당과 아카넷이 공동으로 펼치는 고전 번역 사업입니다.
고전의 지혜를 공유하여 현재를 비판하고 미래를 내다보는 안목을 키우는
문화적 기반을 마련하고자 합니다.

정암고전총서 키케로 전집

운명론

1판 1쇄 찍음 2024년 5월 14일
1판 1쇄 펴냄 2024년 5월 31일

지은이 키케로
옮긴이 이상인
펴낸이 김정호

책임편집 임정우 김명준
디자인 이대응

펴낸곳 아카넷
출판등록 2000년 1월 24일(제406-2000-000012호)
주소 10881 경기도 파주시 회동길 445-3 2층
전화 031-955-9510(편집) · 031-955-9514(주문)
팩스 031-955-9519
www.acanet.co.kr

ISBN 978-89-5733-922-0 94160
ISBN 978-89-5733-746-2(세트)

이 저서는 2019년 대한민국 교육부와 한국연구재단의 지원을 받아 수행된 연구임
(NRF-2022S1A5C2A02092200)